SMOK老宅甜所
Sammi + Kenny——著

—推薦序—

把夢想，建築在別人的需要中

Dora媽咪（蘇惠娟）音樂家

記得女兒剛離去時，我常常逛書局，希望能找到一本書告訴我：失去唯一的孩子之後，該如何繼續往前走？可是找不到，畢竟失去唯一孩子的父母太少了，寫成書的，更少，就算有也是杜撰的……於是我開始提筆寫書，然而發覺，寫書的過程，也是醫治傷痛的過程；後來更發覺，寫書不但醫治了我，也撫慰了許多和我一樣失去孩子的父母，而Mina的爸媽，就是其中之一。

認識Mina的爸媽時，他們的生命正處在巨大的悲痛和失落中。如此排山倒海、無法招架的傷痛，我懂、我瞭解……而我也知道這時候的他們，需要有人用力地拉他們一把！多年來，我看到他們一家人從苦難的深淵，一步一步往上爬，看著他們從泥濘中再次掙扎站立！他們不但沒有淹沒在傷痛之中，更沒有因為傷痛，而失去了愛的能力，更令人感動的是，他們反而擁有更多更多愛的能力——把夢想建築在別人的需要之中。

那天，坐在 Mina 爸媽胼手胝足，一磚一瓦建造的 SMOK 咖啡屋中，一口一口啜著 Kenny 為我煮的咖啡，一口一口品嘗著 Sammi 親手做的蛋糕。心裡，有著說不出的滿足和感動……

SMOK 咖啡屋，不但述說著 Kenny 一家人的故事，也不斷堆疊著別人的故事，它就好似間魔法屋，許多人千里迢迢來到這裡。然而吸引他們的不僅是香醇的咖啡、美味的蛋糕；我想，更讓人流連忘返的是，隱藏在咖啡和蛋糕背後，那些說不盡的故事。在這裡，人們品嘗別人的故事，同時，也述說自己的故事……

曾幾何時，咖啡屋成為愛的轉運站。來到咖啡屋的人，在一篇又一篇的故事中，心靈得到了撫慰、人生找到了往前的動力。說 SMOK 是魔法屋，真的不為過，因為走出咖啡屋的人，心總是暖的、笑容總是甜的。

當 Mina 爸媽告訴我：「Dora 媽咪，我們想把我們的故事寫成一本書……」我全心全意支持他們！因為，我知道，這本書將會帶給許多人，對生命的提醒和省思，成為許多人的幫助和祝福。苦難，讓人活出生命的廣度；悲傷，讓人活出生命的深度。今天，我在Mina爸媽身上看到他們如何努力、用力地活出生命的深度和廣度。

聖經有一段話：「一粒麥子不落在地裡死了，仍舊是一粒。若是死了，就結出許多子粒來。」天使走過人間，或許，Mina在世上短暫的停留，就是為了把這愛的使命，捎給她深愛的一家人。

這本書，沒有華麗的文藻，有的是一篇篇感人肺腑、動人心弦的真實故事。

而我深信，這一篇篇故事，將成為你生命中的養分，帶著你在這塵世中——勇往直前！

是的，SMOK的故事會繼續，SMOK的愛也會繼續……

—推薦序—

病痛交戰者、陪病者的心靈解方

孫淑惠 中華民國感恩關懷協會理事長

這本書不但是正在與病痛交戰者的知己好友，也是陪病者家屬的心靈雞湯。相信更是我們在重視健康與珍惜生命之時，能啟發大家靈感，讓自己未來人生過得更精采的一部好書。

在書中，Kenny 與 Sammi 重新回憶過去，用淚水與思念來記錄他們的女兒 Mina，寫下那段由歡笑與幸福交織出的短暫相伴歷程。「生命的美好，不在於時光擁有的長短，而是在駐足過後，仍能感受到那份曾經被愛的溫暖」，有了這樣的生命觀，以及秉持未曾改變過愛家人的初衷，才得以有力量繼續接受人生中的各式各樣挑戰。

Kenny 與 Sammi 也相當珍惜一直常伴左右的其他家人與朋友。他們用豐沛的熱情與正能量，主動帶領關心、與夥伴們一起成長，將原本人生中最艱難的逆境課題，轉化成絢麗的彩虹。

大多數經歷過與生命中珍愛者告別的人，每當回憶時，多會停留在後期那段力不從心的煎熬相處上；尤其是陪病者家屬，在經年累月的陪伴與照護後，那折磨人的身心交瘁與油盡燈枯般的無力感，往往就此長相伴隨在陪病者或照護者爾後的人生，成為他們揮之不去的夢魘。Kenny 與 Sammi 有鑑於此，自己也經歷過同樣深刻的悲苦；因此發願，希望幫助仍在承受哀傷困頓的人們，走出悲情的愁雲。

當您身處低谷時，不妨試著翻翻這本書。它不但能像益友一樣與您相伴，或許也能跟您的孤單聊聊天，就像良師一樣提供寬慰心靈的解方。當您想進一步被同理與撫慰時，不妨走訪一趟「SMOK 老宅甜所」，聽聽 Kenny 與 Sammi 的故事，品味他們將關心與鼓勵融入手工製作的甜點蛋糕。在與美味可口的食物邂逅之後，除了有沁入心脾的幸福感外，還能體驗有溫度的待人接物服務，絕對能讓您在精心布置的老宅場域中感受到滿滿的正能量。並且，他們經常舉辦身心靈公益課程，用同理心與溫暖體諒的陪伴方式，來關懷被挫折與傷痛壓彎了身心的人們，依此協助更多的人從黑暗中解脫出來，迎向原本就應屬於他們的陽光燦爛人生。

親愛的朋友，不論您曾經歷了什麼苦況逆境，只要您願意繼續擁抱幸福與快樂，可以向上天許下夢想訂單，並一步一步身體力行朝向願望，相信您的信念一定能很快實現。因為 Kenny 與 Sammi，就是最好的見證。

—推薦序—

我沒有見過Mina，但她教會我要活得更像一個夢想家

陳立宗　台新夢想家籃球隊董事

夢想家成軍的第一季，我在彰化八卦山的主場館入口處，第一次見到了SMOK一家人。還記得，戴著黑框眼鏡的Kenny對著當時夢想家的領隊黑哥說：「黑人哥，Love Life！我帶Mina來看球了！」後頭跟著笑咪咪的Sammi和落落大方的Oliver，還有他背包上一個很搶眼吸睛的手作熊娃娃，上面寫著Mina。

那次以後，夢想家主場的比賽，常常能看見他們一家人的出現，慢慢地，也了解到他們更多的故事。因為Mina得到了兒童癌症，一家人在驚恐害怕中，振作精神勇敢地陪伴著Mina經歷那辛苦煎熬的抗癌戰役，最後，這一家人傷痕累累地送別了懂事貼心的小女兒。於是，每次見到他們一家人在球場用力吶喊大聲加油的樣子，我忍

不住會想，那是要度過多少個撕心裂肺的傷心夜晚，才能走出這樣巨大的傷痛，我也一直非常好奇，是什麼樣的力量撐住他們，為他們打氣，我相信，這一本書的出現，可以讓更多的人一起找到答案。

還記得二〇一八年的聖誕節前夕，我代表球隊，約了一些會變魔術氣球的朋友，隨著志工們一起到了彰基兒童癌症病房，給正在接受治療的孩子們打打氣，SMOK一家人也到了，Sammi帶上為了Mina親手研發，化療也能吃的甜點蛋糕，分享給病房中的孩子。魔術師問，有沒有人能上臺配合他的表演，Kenny自告奮勇上臺，表演中，魔術師在他身上不斷變出各種有趣造型的氣球動物，孩子們被他誇張有趣的臨場反應逗得哈哈大笑，無意間，我看到臺下的Sammi笑著笑著已是滿臉淚痕，下臺後，我和Kenny擊掌對他說了聲：「讚啦！」他激動地和我說：「立宗哥，這幾年，我一直不敢再走到醫院裡來，更不要說到兒童癌症病房。但是因為夢想家，我鼓起了勇氣，我克服了，我做到了！」

看完這本書，我知道，讓SMOK一家人勇敢面對人生一關又一關挑戰的，不是夢想家，而是離開他們身邊卻永遠住在他們心裡的Mina。認識他們一家人的那一年，夢想家的戰績是一勝十九敗，打出如此不理想的戰績，這支球隊沒有消失，更不敢消失，因為，我們知道有太多像是ＳＭＯＫ這樣的「我夢家人」，在夢想家充滿逆境的比賽過程中，產生了共情。我們常常提醒球員與教練們，夢想家的ＤＮＡ裡，是勇敢，是懂得珍惜，是有一種來自骨子裡的強悍。漸漸地，我們更加明白，這些特質不只是我們想要帶給大家的信念，原來，在這些一路支持我們的球迷朋友故事裡，我們才是不斷得到滿滿正能量的那一方。

—推薦序—

上帝絕對會把最艱難的考驗交給祂認為最了不起的子民

黑人（陳建州）P. LEAGUE+ 執行長

這本書我想應該會是許多父母必看的一本著作，這是一個真實的見證，在這趟旅程中SMOK一家人確實經歷了一般人無法想像的考驗，但SMOK一家人堅持過來了，他們相互扶持，彼此之間加油打氣，克服了種種難關和挑戰，化悲傷為力量，勇敢地面對孩子離開的這件事！

一家人能重新站起來繼續面對人生，其中最重要的力量，我相信絕對是天上的Mina化作天使，在他們身邊保護著他們一家人。謝謝SMOK一家人，用他們的生命故事完美地詮釋了 Love Life 的精神，希望這本書也能安慰許多現在正在面對人生重大考驗的朋友們。

老師總是把最難的功課交給班上最聰明的學生，而上帝絕對會把最艱難的考驗交給祂認為最了不起的子民。我認為 SMOK 是神選的一家人。

Love Life forever.

—各方推薦—

主持《在台灣的故事》時認識了 Kenny 和 Sammi，藉由節目知道了他們的故事！那時候他們的小女兒 Mina 已經離世了一段時間，即便夫妻倆和大女兒 Oliver 很堅強勇敢地面對，但仍可以清楚感受到他們不想被人看出來的悲傷，和對 Mina 的想念。很心疼也很佩服他們將悲傷轉化成力量，相互支持和圓夢，也更努力去幫助更多人。也知道他們找到一間老宅，重新打造了新的ＳＭＯＫ cafe。然後家裡也迎來了新的成員，實在很為他們開心！祝福他們要這樣一直幸福下去！

恭喜他們的故事出版成書，相信可以感動溫暖和激勵更多人～

——卜學亮　知名主持人

感謝上帝賜給他們一家無比的勇氣去走過並記錄這一切，每一個咬緊牙關轉念的力量，都讓我們深深地被鼓舞！願我們都給自己打開這本書的機會，讓人生也充滿哈哈哈的能力。

——小8（張允曦）　女演員

「化悲傷為力量」這樣一句老生常談的話，被SMOK一家用生命去完整地呈現給我們，相遇Sammi的好手藝是因為同樣化療過後有著飲食禁忌，才知道夫妻兩人將二女兒離去的悲傷化為力量，注入在每一顆因為罹癌的女兒研發的蛋糕上，希望吃到蛋糕的人都能感受到幸福。

現在，他們要用他們的故事去提醒世人，只要一家人在一起，就沒什麼事情過不去。推薦每一個值得被祝福的生命，都要讀過這本書。

——阿布布思義　療癒系插畫家

這是一個天使走過人間的真實故事，短暫卻永恆，苦楚卻甜美。感謝 Kenny 和 Sammi 分享生命的奇蹟歷程。天使的微笑，必能揚起讀者的嘴角，融化憂傷。

——**白心儀**　《台灣 1001 個故事》主持人

兒童的離開，整個家庭都會相當的不捨和難過，Mina 的家人在悲傷的同時，將對 Mina 的小愛化成大愛，看這本書時，非常感動，希望這本書可以撫慰到每個有類似經驗的家庭，幫助他們走出傷痛，讓愛無止盡地蔓延下去。

——**巫康熙**　中山醫學大學附設醫院 醫師／教授

認識 Kenny 哥一家人至今，從未在他們的身上感受過悲傷的情緒。然而放下傷痛又談何容易？但他們卻將這些過往化為滿滿正能量溫暖他人，我也深深地被激勵著！相信他們對生命的熱忱，一定會影響、鼓舞更多人。

——**黃博煒**　《但我想活》作者

恨不得能有多點愛澆灌給每個有傷痛的家庭，不管用什麼方式，以愛為名。

認識ＳＭＯＫ一家人始於麥當勞叔叔之家，我們都是義煮的志工，用家的料理味道溫暖每個有牽掛、有傷痛的大家庭。ＳＭＯＫ一家人的努力很難不被看見，然而我也發現，他們越努力，背後的傷痛就越巨大，他們所跨出的每一步需要多少的堅強、需要多少的彼此安慰才能做得到。ＳＭＯＫ一家人所做的每一個作品、每一道甜點，店裡每一個角落，都能感受到那份對 Mina 深深的思念。

大姊姊 Oliver 時常靜靜地在一旁寫功課、照顧弟弟一整天，讓父母能安心做生意，懂事到令人心疼；媽媽 Sammi 勤奮地努力著，用雙手拚搏出一個個極具特色及創意的蛋糕，看到訂單滿滿，替他們開心之餘卻也為這一家人的辛勞心疼著；老爹 Kenny 更是拉動全家的火車頭，關關闖、關關過，也扮演著開心果，逼著全家走出傷痛，而自己的痛只能別過頭去擦乾眼淚，笑迎一切。

終於這一家人也在眾人的期盼下迎來了老三 Sean，我們都看見上帝眷顧著這一家人，ＳＭＯＫ不管走到哪都堅持著全家「在一起」，只有失去過才能體會這是何等恩典。以愛為名，不管是用哪一種方式支持下去。

——**微微蔡老師**　瑞康屋創辦人

SMOK cafe 就像有魔法一樣，總是能帶來滿滿的能量。

目錄

推薦序

把夢想，建築在別人的需要中——Dora媽咪（蘇惠娟） 002

病痛交戰者、陪病者的心靈解方——孫淑惠 005

我沒有見過Mina，但她教會我要活得更像一個夢想家——陳立宗 008

上帝絕對會把最艱難的考驗交給祂認為最了不起的子民——黑人（陳建州） 011

各方推薦

卜學亮、小8（張允曦）、阿布布思義、白心儀、巫康熙、黃博煒、微微蔡老師（推薦人依首字筆畫排序） 013

SMOK一家人物介紹 022
作者序——讓善一直循環下去 026

PART 1 幸福出現缺口

1. 幸福的家庭 030
2. 老天爺的第一個玩笑 037
3. 手足無措，也試圖保持鎮定 042
4. 偽裝久了，也有正能量 046
5. 每天都要哈哈哈，大笑三聲 051
6. 最疼愛妹妹的姊姊 Oliver 056
7. 小小的貼心，大大的感動 060
8. 耐住日復一日的煎熬 065
9. 醫療之外，我們還能做些什麼？ 074

PART 2

全世界最痛的失去

1. 老天爺的第二個玩笑 082
2. 無法言喻的痛 087
3. 留下來的我們 095
4. 在旅行中尋找答案 102
5. 兩次沖繩之旅 113

PART 3

收藏遺憾，當別人的幸福能量轉運站

1. 幸福，從小花園開始 126
2. 夢想中的五十二年老宅 133
3. 五十二年老宅新生命 139
4. 幸福能量轉運站——SMOK cafe 149
5. SMOK 愛的能量小故事 155
6. 我們一定要用有故事的蛋糕來感動全世界 181

PART

4

善的循環，不斷延續

1. 終於完成爸爸對 Mina 的約定 194
2. 我們是麥當勞叔叔之家永遠的家人 202
3. 我們的力量很小，但做著做著力量就變大了 211
4. 用自身的力量分享草屯，手繪美食地圖 217
5. 頌砵芳療身心靈的療癒 221
6. 到醫院探訪病童們 228

未來 SMOK+s的幸福 233

後記1 致我們最愛的家人、朋友、夥伴與長期支持著我們的粉絲們 243

後記2 給永遠帶著微笑的 Mina 寶貝 250

SMOK
一家人物介紹

SMOK是由我們一家五口的英文名字裡的第一個英文字母所組成的。

第一個S是媽咪Sammi，也是小兒子Sean

Sammi是一個勤勞且為了一家人完全付出的偉大媽咪，更是一家人的精神支柱。遇到難題總會做足準備，查詢各大網站和書籍，只為找出最適合的方式去面對、化解。是孩子們的心靈寄託，也是老公最棒的牽手。雖然個性有些急躁，脾氣沒有太好，甚至也沒什麼耐心。但處女座的堅持、吹毛求疵和追求完美的個性，讓她為了這個家盡心盡力、全力以赴。

Sean是一個很喜歡笑的小男孩也是我們全家的開心果，他的誕生對我們家來說是加倍的幸福，新生命的到來也為家帶來新的希望及多彩多姿的生活。

其實妹妹離開後，姊姊Oliver一直很渴望可以再有個弟弟或妹妹陪伴她。Mina 離開三年後，我們一家人很認真地思考和討論這件事，經過深思後，我們都覺得如果再生一個孩子，對心靈曾經受傷的我們一定會更好、更完美。

就這樣一切隨緣……然而半年後這樣的緣分和驚喜竟然真的來臨了。這個孩子對我們來說意義非凡，我們將他命名為 Sean，「上帝仁慈的禮物」。

第二個 M 是 Mina

Mina 是最可愛的小寶貝，天真善良，很有想法也很有個性，堅持卻又不失貼心。從小就是我們家的開心果。也是姊姊最愛最寵的妹妹。

自從發病以來，她總是學習著如何勇敢，甚至期許自己不輕易掉淚，就是不想讓爸媽為她擔心、難過。

遇到病痛挫折時，Mina 總是會反過來安慰我們，並給予大大的微笑，甚至會做一些窩心的小舉動讓爸媽感動。

雖然已經當天使了，但她一直活在我們心裡不曾離開，Mina永遠是我們一家人心中最美、最可愛、笑容最甜的快樂寶貝。

第三個 O 是大姊姊 Oliver

美麗的大女兒 Oliver，跳舞從小就是她的興趣和喜愛，現在更變成了她的夢想。她國小的作文裡寫著：從小就看著爸媽為了追逐自己的夢想而努力著，一直銘記在心！現在我慢慢長大了，我也想為了自己的夢想努力，有一天我也要圓夢，成為一個出色的舞者。

愛跳舞的女孩 Oliver

第四個 K 是爸比 Kenny

Kenny 是個不折不扣的老靈魂，喜歡老物、老宅、只要是老的東西都愛，當然還有他最愛的老婆……雖然平時很好說話，凡事以家為主，但千萬別招惹他，他脾氣來時任誰都無法擋呢！

曾經有人問他，他的夢想是什麼？他說：「我的夢想就是幫我老婆實現她的夢想，即便我們的糧食都用盡了也要帶著一家人陪她一起闖。」對於伴侶有著義無反顧的支持，讓 Sammi 非常感動。

一作者序一

讓善一直循環下去

二〇一二年我們的小女兒Mina發病後，我們原本幸福快樂的生活因此出現了缺口。陪伴Mina與病魔對抗的日子，心中的不捨與無比的壓力常讓我們喘不過氣。我們能做的除了配合醫生的療程與陪伴外，似乎就只有從書中或網路上收集相關資訊，希望能從中找出有用的訊息來幫助我們的孩子。

如果有機會，我們希望把這段經歷轉化成文字，將經驗分享給更多跟我們有相同境遇的人，甚至給病童或失去孩子的爸爸媽媽、家人們一些安慰的力量。陪伴Mina那段時間，我們告訴自己，我們想好好並仔細地記錄這一切，不放過任何一個小細節地做下筆記。真心希望我們的故事，和別人不一樣的經歷，可以幫助也鼓勵到更多需要幫助的人。讓善一直連結循環下去，確實做到「把我們的夢想建築在別人的需要上」。

人生不會一路順遂，難免會遇到有挫折的時候，世界也不會因為任何人而停止轉動。相信每件事情發生都是相關聯的，每件事都是神的旨意。遇到任何的不順遂，勇敢地正面面對，保持正面思考，相信雨過天晴後必有繽紛的彩虹，迎接你走向更美好的未來。

盡全力把自己該做的事做到最好，不要讓自己有任何遺憾，相信正面能量，一切都會慢慢變好的。所有的經歷必將成為我們的養分，相信一切是最好的安排，即使深陷逆境，上帝的恩典夠你用。

我們永遠記得，
二〇一二年十月十八日這一天
老天爺跟我們開了很大的玩笑。

PART 1

幸福出現
缺口

1 幸福的家庭

kenny

我們家一直以來，都是很多親朋好友心中羨慕的幸福家庭。直到二〇一二年十月十八日這一天，突然有了改變。

婚前我太太 Sammi 從事服飾銷售，她對服飾銷售非常感興趣。婚後我們生了兩個可愛的女兒，由於她非常喜歡幫女兒們打扮，而且一直有個創業的夢想，想開間咖啡結合服飾的小店，於是我們第一步先選擇從經營童裝服飾的生意開始。但二十六歲的 Sammi 那時才剛出社會不久，也沒有創業經驗，擔心自己能力不夠好，於是選擇從入門門檻最低的擺地攤開始，並為將來開店做準備。二〇〇九年七月十五日，就在家人的支持下，開啟了她的冒險創業之路。

當時兩個女兒年紀還小，姊姊 Oliver 兩歲，妹妹 Mina 才六個月大，由於娘家位於南投草屯，平日孩子在臺中托嬰中心，假日娘家媽媽可以幫忙照顧。因為有家人幫忙照顧孩子，她才放心每天到草屯擺攤。不論晴天或雨天，每天不辭辛勞地臺中、草屯兩地奔波，記得有好幾次，她從草屯收攤回臺中接孩子，因為太過勞累，只是等待幾十秒鐘的紅燈居然不小心睡著了，直到後面的車狂按喇叭才驚醒，還好有驚無險。

創業真的很不容易，但想著要給孩子更好的生活，再累也覺得一切都是值得的。

擺攤這一年，Sammi 很用心經營每位客人，雖然是小小攤位，但每到假日攤位總是擠滿客人，甚至還常常爆攤，這對她來說是最大的鼓勵與肯定，而這個堅持與努力也沒有白費，經過一年的努力，二〇一〇年九月二十八日，她終於開了一家小店，並取名為「幸福童漾」。

孩子是我們最大的動力，為了小孩穿得安全，Sammi 總會特別注意小孩服裝的品質，為了嚴格篩選服飾布料，堅持每個月飛往韓國、日本親自挑選童裝，親自觸摸這些衣物布料是否舒適？檢查這些衣服有沒有不良的原料混入其中？孩子穿了會不會過敏或引起其他不良的反應？擔心不好的染劑染料會造成孩子身體傷害，儘量不挑選太過於鮮豔的顏色。

2009 年 7 月 15 日小小的攤位是 Sammi 創業的起點。

2010 年 9 月 28 日 Sammi 的第一間店「幸福童漾」。

每個月都出國，在別人眼裡可能覺得是份輕鬆自由的工作，但出國採買，除了要忍受離家思念孩子之苦，在韓國補貨的日子，只能用爆肝來形容。

韓國東大門服飾批發市場都是從晚上七八點開始營業到早上，夜深時，當大家躺在溫暖的被窩裡呼呼大睡時，大半夜的 Sammi 得隻身走在韓國陌生的街頭，穿梭在店鋪密集的服飾批發大樓裡。凌晨時刻身心疲憊很想睡，腳痛到已經不覺得那是自己的腳了，就連大腦也沒辦法順利運轉，好幾次都不知道自己怎麼靠意志力撐到早上。

好不容易熬到早上可以回飯店，工作行程卻還沒結束呢！早上回飯店，就算已疲憊到了極點也只能倒頭秒睡幾小時，中午就必須出門繼續到南大門採買只有營業到下午的雜貨配件，採買完回飯店短暫休息幾小時，晚上接著繼續採買服飾，就這樣日以繼夜，無論刮風下雨下雪都不曾停歇。

有時夜深人靜獨自走在韓國街頭，疲憊、睏倦席捲、心情也很低落時，難免會出現想放棄的念頭。Sammi 問自己：這樣每個月拋夫棄子從臺灣飛到韓國，犧牲自己的健康，連續三晚幾乎沒有睡覺的採購到底值不值得？

雖然難免會有這樣的念頭出現，但她心裡很清楚，既然已經決定創業就沒有退路，遇到困難挫折只能面對，硬著頭皮往前衝。為了提供給消費者不一樣且更多選擇的童裝，哪怕犧牲睡眠、爆肝到韓國採購，也堅持讓孩子穿得安心，即使花更多成本與心力也在所不惜。每次看到媽媽們開心地為孩子挑選精緻的童裝時，那滿意的笑容與每次回購的支持，對她來說就是莫大的肯定，也值得開心！

我從退伍後就一直在唱片公司當業務，為了家庭四處奔波，每天早出晚歸，非常努力打拚，業務能力也還不錯，每次的業務比賽常常名列前茅，表現得相當優秀，很快地得到老闆的賞識，從小小業務員晉身為單位小主管，年薪也上看百萬。雖然業務繁忙，但我總是將家人擺在第一位，以家人為重，全心愛著家人。

在唱片業務公司工作了七年多，陸續經歷了外公、外婆、還有最敬愛的父親相繼離世，因為母親在我青少年時期就因病離世了，所以父親的離開對我來說打擊很大，讓我更深深體會，陪伴家人才是人生中更重要的功課。所以經過深思熟慮後，我決定離職，一家大小搬到 Sammi 的故鄉「草屯」，和 Sammi 一起打拚屬於我們自己的事業，並追逐著我們夫妻倆的夢想。

我們夫妻有一對可愛的小公主：姊姊 Oliver 與妹妹 Mina，兩人個性不同，但都是我們最珍愛的寶貝。

經營童裝服飾生意雖然辛苦，常常要在外奔波，為了能常陪伴我的兩位小公主，有時甚至得一邊工作，一邊帶孩子。有幾次飛到日本帶貨，兩位小公主也陪我們一起，就此展開我們一家的「十五天工作兼流浪之旅」。

當然，出發前也跟孩子們先溝通好，必須先陪爸媽工作，完成工作後再帶他們去遊樂園玩，很感恩的是兩個女兒很懂事也很貼心，我們在工作的時候，她們兩人總是自己在旁邊玩樂，不吵也不鬧，這對當時只不過兩三歲的孩子真的不是件容易的事呢！我們藉此也機會教育孩子們「先苦後甘」的道理，當然工作結束後會帶她們去想去的地方，只要能看到她們開心的笑容，再忙再累都值得！

就算忙於工作，我們還是希望能夠陪伴小孩一起長大，因為一家人能在一起是最幸福的事。我們就是這樣腳踏實地拚命努力著，當同行苦喊著業績不好的同時，我們的業績卻蒸蒸日上。

就在我以為，這樣忙碌、辛苦，但又幸福的日子會一直下去的時候，二〇一二年十月十八日這一天。老天爺跟我們開了很大的玩笑。

這天醫生跟我們說 Mina 生了很嚴重的病，連病名都還不清楚的情況下，緊急開始一連串的檢查、住院和治療。於是原本如同一面圓滿鏡子的幸福生活，在二〇一二年十月十八日這一天被擊碎，我們一家四口，頓時遭遇世界末日。

能帶著孩子一邊工作一邊旅行，也是一種幸福。

2 老天爺的第一個玩笑

Sammi

為了可以陪伴孩子成長，我們選擇自行創業，希望可以有更多調配時間的自由，好多一些時間能陪伴孩子。

我們有兩個女兒，大女兒叫 Oliver，小女兒是 Mina。

Mina 從出生以來一直就是個頭好壯壯的健康寶寶，好吃好睡，成長曲線也一直都很好。她超級好帶，再加上圓滾滾的臉蛋和總是笑咪咪的表情，所以從小就是大家的開心果。

在二〇一二年九月的某個晚上，Mina 說她腳痛，一開始我們以為只是成長過程長高會有的成長痛，雖然覺得有些不對勁，但 Mina 沒有其他不舒服，所以我們不以為意，先繼續觀察。

觀察一陣子後發現 Mina 喊腳痛的頻率越來越頻繁、走路姿勢怪異，出現跛腳、臉色蒼白，沒有感冒症狀卻莫名持續低燒。有時她會說自己背好痛，和姊姊到公園玩時會莫名地大哭，喊背痛，半夜甚至會被痛醒，還會莫名盜汗，晚上睡覺根本沒辦法好好睡……孩子睡不好，大人也無法安心入睡。到後來，就連每天很喜歡去的幼兒園也變得不喜歡了，每天早上我帶兩姊妹去上課時，Mina 就會變得焦躁不安，情緒崩潰大哭，不讓我們離開，原本很獨立的她，變得很黏我們。

一次又一次的異狀讓我們很擔心，帶她去常去的小兒科看診檢查。除了發炎指數稍微偏高外，都沒發現什麼異狀，但越想越覺得不對勁，和小兒科醫師討論後，我們決定帶 Mina 到大醫院檢查。

二〇二二年十月十八日這天，我們帶 Mina 到醫院檢查，雖然心情忐忑不安，但想說應該不會有什麼事吧，到醫院時我們還和 Mina 說，看完醫生再一起去公園玩、一起去吃美食喔。醫生聽完 Mina 的症狀後，安排驗尿、抽血、胸部 X 光等檢查。檢查完想說看個報告應該就可以離開了，但沒想到竟然是晴天霹靂的開始。

回診間看檢驗報告時，醫生的表情凝重且面有難色地看著報告，我們看她在電腦上搜尋著腫瘤相關的訊息，這一切讓我心跳加快、坐立難安、一股不安湧上心頭。

Mina雖然年紀小不知道發生什麼事，但她似乎也感受到大人焦慮的情緒，那無辜的表情與焦慮的眼神，我看在眼裡痛在心裡。時間一分一秒流逝，特別緩慢煎熬。

沒多久，醫生打破平靜：「X光報告有異常，前縱膈腔有陰影應該是有腫塊，妳女兒的情況非常嚴重，我已經聯絡血液腫瘤科醫生了，今天必須馬上安排住院，需要做更進一步的檢查才能確認病狀。」

天啊！怎麼會？

這不是真的吧？老天爺是在跟我們開玩笑吧？怎麼會這麼嚴重，不是看完報告就可以回家了嗎？

我的心中充滿了疑問與恐慌，腦中一片空白，整個人嚇到發抖，只能呆愣地看著我年僅三歲八個月大的寶貝女兒Mina。

此時Mina帶著失望的表情問：「爸爸媽媽我們不是要去公園玩嗎？我要和姊姊一起去盪鞦韆、溜滑梯耶。」

看著天真的她，我們帶著複雜的心情，安撫Mina：「醫生說妳生病了，今天必須住院觀察，等出院了再帶妳去公園玩喔！」乖巧的Mina沒有哭鬧，默默地點點頭，我們只好無奈地帶著女兒跟隨護理人員辦理住院手續。

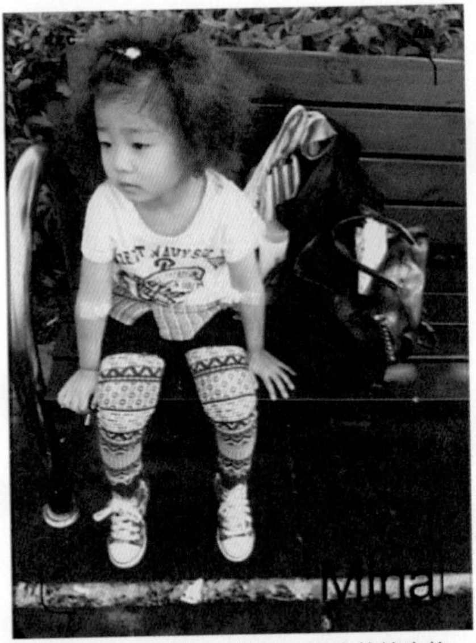

2012.10.18 當天，做完一連串的檢查後，
Mina 坐在公園長椅上，神情很落寞。

由於Mina的病情尚未確認，所以我們夫妻倆都得在醫院陪她不敢離開。此時的我們不但要調適自己的驚慌與悲痛，還要照顧兩個女兒。除了安撫Mina的不安情緒外，還必須安頓大女兒Oliver，畢竟她也才五歲，平常和妹妹感情很好，非常疼愛妹妹，兩人每天一起吃飯、睡覺、玩樂、上學，形影不離。現在姊妹倆被迫必須分開，我們逼不得已只能暫時將她委託給阿姨照顧，心裡覺得很對不起她，但這也是沒辦法的事。

只是，真不知該如何跟她解釋妹妹生病這件事，她年紀還這麼小，能理解妹妹生的病這麼嚴重嗎？接下來會有一大段日子，妹妹可能必須住院治療，爸媽會多花些心思在照顧妹妹，姊姊能體諒嗎？一家人分開生活，她能接受嗎……即將面臨的問題一一浮現在腦中。

想到緊密的一家人之後有可能被迫分開，就感到無奈與失落。彷彿雷擊的遭遇讓人措手不及，也難以接受，瞬間好像來到了世界末日。

老天爺的這個玩笑我們該如何接受、如何面對？我多希望這只是一場惡夢，一覺醒來一切裂縫平息，生活回歸正常，但已成事實，怎麼躲也躲不掉。我告訴自己，難過是一天，開心也是一天，我們可以難過可以哭，但日子還是要過，孩子們都需要我們，我們不能倒啊！於是我們決定好好面對，夫妻倆躲起來抱頭痛哭後，眼淚擦乾，告訴彼此，要一起面對。

冷靜過後，不禁回憶過往，童裝事業從無到有，慢慢步上穩定，在事業之外，也兼顧家庭，我們一家和樂融融。記得有一次，帶女兒去東京的三麗鷗樂園遊玩，因為兩個女兒都很愛 Hello Kitty，樂園關園前的遊行女兒們更是看得目不轉睛，我永遠記得這一幕，我望著女兒們的背影，瞬間覺得自己真的好幸福，人生有這樣幸福的家，我就心滿意足了，好希望就這樣一直幸福下去……如今，Mina 生病了，老天爺跟我們開了這麼大的玩笑，我們一家人的幸福是否從此就要被悲傷給淹沒了呢？

3 手足無措，也試圖保持鎮定

Sammi

二〇一二年十月十八日這天開始，我們的生活有了很大的變化。悲傷讓我們臉上的笑容逐漸消失，病痛也改變了我們家的生活步調。

入院後隔天，醫生跟我們說，初步推測應該是淋巴癌，但還不能確定，要做切片檢查，才能知道前縱膈腔的腫瘤是良性還是惡性，此外還需要安排其他檢查，才能確認病因。

就這樣，無奈地陪著Mina進入了開刀房。沒想到我人生第一次陪開刀，竟是陪著我三歲大的孩子。冷冰冰的開刀房冷到我全身顫抖，整個氛圍讓人感到慌張，醫護人員忙進忙出地準備著……雖然我心中覺得很害怕，但我告訴自己，必須堅強。我壓抑自己的不安，試著轉移Mina的注意力，跟她聊天、陪她唱歌、抱著她哄著她。即便有媽媽在旁陪伴，但年紀尚小的 Mina，眼神仍透露著不安，她似乎也察覺這一切不太對勁，看著她惶恐的眼神，真的好不捨、好心疼。

等 Mina 吸入麻藥、昏沉入睡後，醫護人員要我放心交給他們，雖然不捨但我只能把幼小的 Mina 留在冷冰冰的手術床。走出開刀房，看見在外面等待的 Kenny，還是忍不住淚水，當場嚎啕大哭。

房外的等待，每一刻都是煎熬。更害怕病房外的跑馬燈上出現 Mina 出狀況的訊息。直到 Mina 被推出手術房後，才放下心中大石，看著沉睡的她，內心還是好痛。

數日後，終於看到病理切片報告還有其他檢驗報告，醫生嚴肅地說，這疾病的發病初期病徵並不明顯，早期不易察覺，所以通常送到醫院時都已經很嚴重了。他們在孩子的前縱膈腔發現了約十公分大的腫瘤，因為腫瘤太大，已經快壓到氣管，若壓到氣管，將會無法呼吸，後果不堪設想。經過詳細的檢查確認，這是個惡性腫瘤，它不是罕見疾病，但是一個很難治療且治癒率非常低的兒童癌症：「神經母細胞腫瘤」。

醫生說，癌細胞已經轉移到骨頭、骨髓、肺等器官，也就是高風險的「神經母細胞腫瘤第四期─末期」。他面有難色地對我們說，第四期是最難治癒，且預後最不好的，要我們有心理準備，接下來的療程，我們和孩子都會非常非常的辛苦。

醫生幫 Mina 安排了一年的療程：利用高劑量化療，儘量將腫瘤減至最小，儘可能將腫瘤用手術切除乾淨，再搭配「自體造血幹細胞移植」來治療。這是一個極度複雜的療程，其中包括六次的化療、開刀、自體骨髓移植、電療、服用 A 酸一到兩年，以便將殘存的癌細胞從惡性分化成良性後追蹤。但就算經歷這麼多艱辛的療程，醫生也不敢保證會痊癒——這個癌症治癒率只有五十%，**而復發後的治癒率，是零。**

聽完醫生的療程解說，我們夫妻倆心都碎了，心情更是整個失落到谷底。這樣的療程，連大人都未必撐得住，況且她只是一個不到四歲的孩子啊！

我的腦袋不斷迴盪著：神經母細胞腫瘤是什麼啊？連聽都沒聽過？癌症？兒童癌症？不是只有大人會得癌症？這麼小的孩子怎麼會得癌症呢？為什麼是我的小孩？為什麼是 Mina？她這麼乖、這麼善良、這麼懂事，為什麼是她呢？治療過程會不會出什麼差錯？治療後會不會有什麼後遺症？萬一治療效果不好 Mina 會不會就這樣離開我們？治癒後會不會復發？她如果離開我們怎麼辦？我們還有希望嗎？我們的世界會不會因此而黑暗？我們一家人還會有幸福的可能嗎……心中有好多好多的疑問，彷彿世界末日一樣的絕望。

Mina 確診後，我也開始檢討自己，從懷孕到生產到她生病前，是不是有哪些地方疏忽了，才讓她生病的？內心不斷自責，不斷地去找心碎的答案。

這麼大的腫瘤長在我孩子身上，我竟然全然不知。直到癌細胞已經擴散全身，甚至已經侵犯到骨頭、骨髓了……也難怪她會常喊腳痛、背痛，原來已經是癌症末期了……我不斷怪罪自己，怎麼可以這麼不細心，她一定很不舒服，我們怎麼這麼晚才發現？

即便醫生安慰，但也抵擋不了心情跌落的速度。為了遏止不斷自責的念頭，於是我們開始瘋狂上網搜尋關於「神經母細胞腫瘤」的相關資訊，但不料，越看越沒信心，越看越失落，查到的案例預後狀況都不是太好，成功案例也不多。

後來，我們決心不再搜尋這些令人難過的資訊，除了配合醫生的療程外，我們認真尋找各種書籍來幫助我們度過難關，包括食療、運動、生活、情緒等……只要對 Mina 有幫助的：像是提升免疫力、增強體力與調適身心靈等，我們都努力去做。

我們決定把握當下，一起面對往後的每一天。

我相信，只要能陪在 Mina 身邊，給她滿滿的愛與能量，就算最後結果不盡如人意，至少我們全家已經一起盡全力努力過，沒有遺憾！

4 偽裝久了，也有正能量
——positive energy of SMOK

Sammi

Mina 生病後，有些人會很好奇地問：「怎麼接受孩子生病的事實？」「如何才能不沉溺在負面情緒裡？」「如何正面面對呢？」要不就是說：「你們真的好勇敢也好堅強喔！」

坦白說，我們一點也不勇敢與堅強，也不想勇敢與堅強。但身為父母的我們不得不勇敢、堅強。

二〇一二年十月十八日 Mina 確診為神經母細胞腫瘤，我們心碎地抱頭痛哭，哭得歇斯底里。但我們不敢讓自己悲傷太久，我們選擇擦乾眼淚，決定一家人勇敢面對。只是要在這條路勇敢向前走且保有正能量，又談何容易？

在醫院治療的日子有如人間煉獄：看到孩子受苦扎針、化療、無數次進出開刀房，身上數不清的針孔傷疤，每一幕都讓我們無比心痛、難以承受。

每一次的療程都是身心俱疲的考驗，對孩子和我們來說都是一種煎熬，Mina 生病後低落的心情也連帶感染我們。我們在絕望之際，感到自己是如此渺小與微不足道，甚至走在路上，都會覺得自己與旁人是兩個世界，看著笑容滿面的路人，心情鬱悶的我會覺得自己好像是生活在黑暗世界。

但我們還有兩個女兒需要照顧，選擇面對是必須的。因為我們知道，世界不會為任何人停擺，女兒的病痛也不會因為我們哭泣而改變。

人生中有太多的無奈，更多是我們沒辦法控制的變數。雖然生病是我們沒辦法控制的，但生活可以，我們可以選擇自己想要過的生活方式。

在醫院治療的日子很艱辛，孩子辛苦，父母也辛苦。看著高劑量的化療藥劑打入孩子身體產生令她難受的副作用：噁心、嘔吐、脫髮、食慾不振、吃不下也喝不下、昏昏欲睡、全身無力、便祕、腹瀉、口腔潰爛、過敏、皮膚乾癢剝落、血球下降……我們沒有能力幫助我們的孩子，只能到處找資料，尋求讓孩子舒緩的方法。

在醫院的日子很漫長。所以療程期間，若 Mina 體力不錯，我們會儘量安排休閒娛樂，讓她開開心心，短暫忘記治療帶來的身體不適。只要遇到假日，一定會帶著姊姊 Oliver 一起到醫院陪伴妹妹，這也是姊妹倆一個禮拜最期待的時光。

姊姊來醫院陪伴時，兩姊妹一起吃飯、看卡通、玩遊戲、做勞作、畫畫、聊天、學習，就像平常在家相處一樣。在充滿儀器聲、藥水味、沒有溫度冷冰冰的病房裡，有了姊姊陽光般的笑容與滿滿愛的陪伴，冰冷的氛圍瞬間融化，連空氣都變得溫暖了，這是 Mina 在醫院治療期間最開心的時光。

而每次的療程結束後，就能短暫回家休養，這也成了我們一家人最期待的事。但無奈幸福的時光總是短暫，每次要離家住院前，姊妹要分開的難過與依依不捨，真的令人好心痛。

還記得第一次到醫院看診治療到回家，Mina 整整在醫院住了一個月，這也是我們一家人第一次分開那麼久。Mina 住院時，我們夫妻輪流在家與醫院間往返，一人在家照顧姊姊，另一人則在醫院照顧妹妹。家務、工作與醫院照顧，蠟燭三頭燒的日子維持了一年多。很感謝這段時間家人朋友都陪伴在我們身邊，給我們鼓勵，更感動的是兩個女兒被迫成長，懂事很多。

姊姊去醫院陪 Mina，是兩姊妹最開心的時光。

姊妹要分開，非常依依不捨，

即便在黑暗的日子裡，我們還是努力看向光明的一面，試圖找出日常中發出微光的那些希望。

每當負能量湧上心頭時，我就告訴自己：我們沒有其他後路可退，我們只能靠自己向前走。難過時就好好痛哭一場吧！但再怎麼悲傷難過，明天太陽依然會升起，沒什麼事是過不去的。

雖然要一直保有正能量很難，雖然有時候只是勉強的偽裝，但我一直告訴自己：「偽裝久了，就會變成真的正能量了。」我也希望，Mina 能感受到爸爸媽媽對她滿滿的愛與能量。

我努力讓自己微笑，即便我躲在黑夜裡痛哭，也要成為女兒最強的後盾。

5 每天都要哈哈哈，大笑三聲

Kenny

自從 Mina 生病確診後，我們沒有時間怨天尤人，我們沒有時間問到底為什麼？我們沒有時間抱頭痛哭，我們更沒有時間失落和自怨自艾。因為我的兩個女兒這時都超級需要我們，我們是她們的全部，我們更是她們力量和希望的來源。因此我每天都必須打起精神，表現自信、充滿力量。我這麼做，孩子才會放心。

我每天給自己一個要求，應該說是一個功課，就是「每天都要告訴自己要微笑」，每天也要帶著 Mina 一起微笑。到後來已經不只是微笑，還要每天大笑三聲。不要小看我們這三聲「哈哈哈」，這可是我們在醫院的活力來源。因為每次大笑三聲時，我跟 Mina 總是會笑得東倒西歪，我們總是覺得彼此大笑的表情很好笑，也常常互相取笑對方。

為了貫徹「哈哈哈」守則。我還到處去尋找有關的繪本陪伴 Mina 一起閱讀，我們特別喜歡《沒關係》（崔淑熙／上人文化出版）這本繪本，故事在敘述每個動物都有缺點但也有獨特的優點，最後問主角：「那你呢？」主角說：「沒關係我有世上最開心的笑容，哈哈哈！哈哈哈!!」看到這裡，我跟 Mina 總是會一起大笑、一起保持好心情。

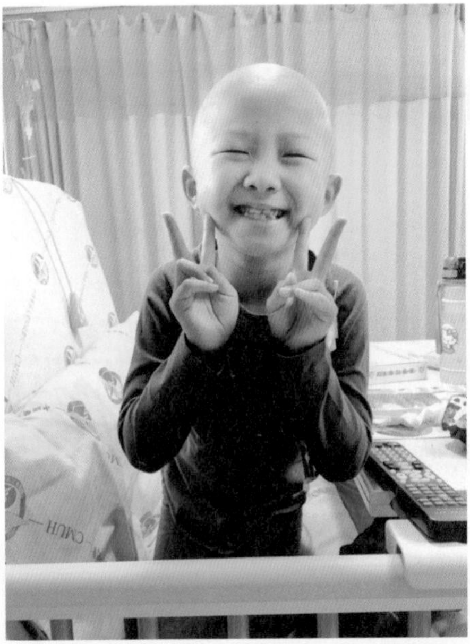

不論治療再怎麼辛苦，每天都要堅持大笑三聲。

有一天，Mina 問我：「為什麼要規定每天一定要大笑三聲呢？」

我說：「因為大笑有治癒效果，可以把病毒和不好的東西趕出我們的身體，這樣才會更快好起來。我們快一點治療好，就能快一點出院，快一點回家和姊姊一起玩，快一點回學校上課，快一點每天開開心心的喔。」

Mina 很認真地看著我，臉上露出淺淺的微笑。我知道她聽進去了，我能很清楚地感覺到，Mina 聽得懂我的意思。她當時的表情也在告訴自己，她要這麼做，她一定要這麼做，因為 Mina 超級渴望和姊姊在一起，不管是一起玩還是做什麼都可以。

有一天 Mina 午休起床，情緒很不好，有點鬧脾氣。或許是因為當天的治療讓 Mina 很不舒服，因此整個人都懶懶的，什麼都不想做。於是我就跟 Mina 說：「又到了我們的『哈哈哈』時間了喔。」說完後，Mina 完全沒反應，皺著眉頭在生悶氣，踢著小腳露出不耐煩的樣子，嘴還嘟嘟的。

我意識到 Mina 心情不好，但我的目的是讓她好心情，所以，這個時候扮鬼臉和搔癢就必須要適時登場了。在一小段扮小丑的時間過後，我接著表明，我們要用「哈哈哈」來治療我們的身體喔，這樣我們才可以趕快出院和姊姊在一起。接下來看到 Mina 認真思考的表情，過了一下，我們的病房就聽到好多聲「哈哈哈」。

由於我們夫妻倆要輪流照顧兩位女兒，但女兒總是愛黏媽媽。特別是在治療期間，Mina 更需要媽咪的陪伴。我當然會吃醋，但我也可以理解，因為從小我也是愛黏著媽媽。

每當我來換媽咪的班時，Mina 總是會上演糾結「內心戲」，而且是深層的那種。首先，會先發現 Mina 不太說話，有時不理媽媽，有時不理爸爸。Mina 她在壓抑自己的情緒，我知道她不想媽咪回去，她想要媽咪留在醫院陪她。媽咪當然也想留下來陪她，但姊姊 Oliver 也需要媽咪，還有當時我們還要經營童裝店，必須輪流回去店裡坐鎮。畢竟要有穩定收入，才能負擔得起這龐大的治療費用。

當內心戲告一段落，媽咪準備回家時，才是最令人頭痛的時刻。除了抱抱和好幾次的 Kiss 外，就是門關上的那一瞬間大哭。小孩難過，大人也不好過。好幾次我也忍不住偷偷掉淚，當然，眼淚絕對不會在我臉上停留超過一秒鐘。我會馬上拭去眼淚，收起不捨的心情逗 Mina 笑，安慰她，也順便調整我自己的心情。

這真的好難，我相信硬著頭皮把門關上離開病房的 Sammi，一定比病房內的我們更不捨。我到現在還沒問過 Sammi 她的心情，但我根本不用問就知道她的不捨，因為我就偷偷掉過眼淚，只是不敢跟別人說而已。我常常說，轉換心情是一個好難克服的挑戰，即使經歷了很多次我還是學不來，但是遇到了，所有不可能克服的難題都要想辦法去面對。

Mina 真的很勇敢，這是好多人對 Mina 的稱讚和鼓勵。

走過一次一次的療程，一次一次的住院、出院，「每天告訴自己要微笑」這件事變成了一種重要的「習慣」。

有的時候，Mina 還會轉過頭來提醒我，今天我們還沒有大笑三聲「哈哈哈」喔。而那本哈哈哈的繪本也一直陪著我們輾轉在不同病房，更一直陪著我們面對所有大大小小的挑戰。

不管我們遭遇到什麼挫折難題，所有的負面情緒：大哭，不捨等，最後我們都會用「哈哈哈」來終結。

無論未來會是什麼風景，就算心裡再怎麼苦，每天告訴自己要微笑面對，當你微笑了，心也跟著微笑了！

6 最疼愛妹妹的姊姊 Oliver

Kenny

Oliver 是我們第一個驚喜，也是我們第一個可愛的寶貝。

從小她就是一個愛表演的女孩兒，調皮的她最喜歡做一些可愛的動作吸引爸媽注意，我知道她的目的就是要讓爸媽哈哈大笑，她是一家人的開心果。

自從妹妹 Mina 出生後，她馬上轉變成一個貼心又會照顧妹妹的大姊姊。她照顧妹妹的程度常常讓爸爸媽媽驚訝不已，點頭稱讚。

從妹妹一出生她就常常觀察妹妹需要什麼、有沒有蓋棉被？隨時都會來跟妹妹牽手、親親她和妹妹互動、說說話。不像有些孩子在弟弟妹妹出生後會爭寵，吃醋或者適應不良，在 Oliver 身上完全沒有這些行為舉止。

自從 Mina 生病以來，Oliver 對妹妹變得更為照顧，也更懂得忍讓妹妹。因為治療中的 Mina 有時會情緒不穩定甚至會不舒服，Oliver 總是會有耐心地陪在 Mina 身旁，幫忙拿東西、幫忙妹妹洗澡、陪妹妹玩和閱讀，甚至常常趴在地上扮演「牛騎豬」讓妹妹騎。

牛騎豬是兩姊妹發明的小遊戲。因為姊姊屬豬，妹妹屬牛，姊姊常趴在地上讓妹妹坐在背上當馬騎。

兩姊妹發明的小遊戲——牛騎豬。

貼心的姊姊幫妹妹吹頭髮。

我們問 Oliver：「妳為什麼會常常在地上讓妹妹騎啊？」

Oliver 總是會回答說：「因為妹妹說她想坐啊，所以我就讓她騎沒關係啊，反正妹妹說會輪流，下次換她給我騎囉。」

但奇怪的是，我們從來沒看過妹妹讓姊姊騎，但姊姊一點都不在意，當然我們都知道，姊姊怎麼捨得讓妹妹在地上當馬讓她騎呢，她疼妹妹都來不及了啊！

Oliver 在我們心中有著超乎年齡的懂事與勇敢。Mina 發病後，我們全心投入在陪伴和照顧 Mina，所以 Oliver 常要麻煩外公、外婆、阿姨輪流照顧。當時 Oliver 才五歲，就必須面對爸爸媽媽無法陪在身邊，有幾天住在阿公阿嬤家，有幾天在阿姨家度過，這種不穩定的生活。

我們知道她很想念爸媽也擔心妹妹，但貼心的 Oliver 沒有吵鬧，也沒有要求爸媽要陪她，這對一個僅僅五歲的孩子來說是多麼的不容易啊。

看著懂事的 Oliver，雖然窩心卻也增添了我們許多的不捨。所以我們在 Mina 第一次治療結束後，經過討論決定輪流回去陪伴 Oliver。

這個決定可以讓 Oliver 跟 Mina 都能有爸媽的陪伴，讓我們一家人在疾病帶來的風暴中慢慢有了平衡點，再度把全家人的心都連結在一起。

有一次要回醫院的前一晚，Oliver 和 Mina 在房間玩扮家家酒。過程中我們聽到姊妹倆的對話。

Mina：「姊姊我明天就要回醫院了，我不想回去，因為我想在家和妳一起玩，我們一起玩讓我好開心喔。」

Oliver 很自然地回答說：「妹妹妳要乖乖回去好好治療啊，等妳治療完我們就可以每天開開心心地一起玩了。而且星期六、星期天爸比都會帶姊姊去醫院陪妳，我們就可以在一起玩了。妳要加油喔。」

Mina 聽到後想了一下說：「好吧！那妳下次記得要帶紙娃娃我們一起玩喔。」

兩姊妹簡單的對話讓我們好感動，沒想到才五、六歲的 Oliver 竟然能替妹妹鼓勵打氣，甚至給她期待，讓她為了下一次的見面，努力完成治療。

Oliver 真的好棒、好懂事！

7 小小的貼心，大大的感動

Kenny

在Mina治療的過程中曾發生許多讓人印象深刻的事。這些事也許是一件小事，但卻讓我們一家人的心更靠近，更有力量走過辛苦的治療過程。

治療日常中的某一天我們接到一通感人的電話，那是我們好友的老婆打來的，她是一位黏土手作老師。老師說：「之前到店裡用餐的時候，和 Oliver、Mina 有個小小的約定。我想履行和她們之間的約定。」

原來當初好友夫妻來店裡用餐時，順手帶了幾個小小的蛋糕手作黏土送給兩姊妹。

兩姊妹好喜歡，私下拜託老師有機會的話可以教她們做黏土嗎？知道後我們當然很歡迎，真的很感謝好友夫妻的用心。

當日 Oliver 跟 Mina 看到老師都非常雀躍，兩人黏著老師問東問西，巴不得把老師畢生絕學全部吸收學習，每個細節都不放過，也很用心自己動手做。

一直以來姊妹倆都很喜歡畫畫或自己動手做一些小東西，這點絕對是遺傳自老爸，因為老爸也是從小就喜歡美術，還得過大大小小的獎項，畫圖、書法、壁報、工藝都很拿手，所以這優良基因藉由兩姊妹更加地發揚光大。

老師的細心和耐心讓人印象深刻，每一個小細節、小步驟完全不馬虎，一步一步地講解，甚至親自握著姊妹倆的手，用牙籤一針一針地刻畫出作品的表情和笑容。

我們在旁邊一邊拍照記錄這美麗歡笑的時刻外，一邊招呼前來用餐的客人朋友們，忙得不亦樂乎。突然 Mina 叫了我一聲，害我嚇了一跳，深怕她是不是哪裡不舒服，結果 Mina 不急不徐地偷偷在我耳邊說：「爸比，我覺得我真的好喜歡老師喔。」真是白驚嚇一場，不過聽 Mina 這麼說我們真的很高興，因為在辛苦的治療過程中，沒有什麼事情是比 Mina 開心更重要的。

歡樂的時光總是過得特別快，幾個小時的課程很快就接近尾聲了，姊妹倆分別跑到我們面前各自展現她們的作品。她們都做了「微笑小星星」夾心餅乾，雖然長得都一樣（因為時間的關係老師只能教一種），但不管如何，只要看到姊妹倆可愛的微笑，什麼煩惱、什麼不愉快都可以拋到腦後了。

這時我突然發現 Mina 怎麼還是一直黏著老師不放，完全不想下課似地一直問老師下次還可以再來上課嗎？

我把 Mina 牽過來說：「Mina 下課了喔，我們要讓老師休息了。下次我們再邀請老師來教更多的手作課程，讓妳們學會更多的才藝好嗎？」

這時 Mina 才勉為其難地點點頭，接著說：「好，謝謝老師。下次一定要再來教我們喔。」

老師當然馬上答應，這時 Mina 才露出笑容開心地抱著我們，這是她開心和有安全感的小動作。

我們懷著感恩準備送老友和老師離開。在門口老師跟我們說：「你們家 Mina 真的好貼心喔。你們知道為什麼 Mina 一直黏著我不放，一直請我多教她一些不同的黏土作法嗎？」

我們還來不及回應，老師緊接著說：「Mina 說她想要學更多捏黏土的作法，自己做更多不一樣和漂亮的小作品在店裡賣，幫爸比媽咪分擔，因為爸爸媽媽賺錢好辛苦！」

沒等老師說完，我們的眼淚早已不爭氣地奪眶而出。

我的小女兒那麼辛苦地跟病魔奮戰，還掛心爸媽的工作，怕我們太辛苦想盡一份心力，真的好暖心喔！

回到店裡，我緊緊抱著 Mina 久久不能自己。

謝謝妳，我的小寶貝。

貼心的老師為了 Mina 和 Oliver 設計了溫馨的課程，讓我們發現了 Mina 的心意。

8 耐住日復一日的煎熬

Sammi

打化療藥的第一天，全家人都很緊張擔心，擔心 Mina 會承受不了化療過程。看著護理人員全副武裝地穿著防護衣、防護眼鏡、戴著手套，小心翼翼地將化療藥導入點滴架。連護理人員都深怕化療藥一不小心溢出來會灼傷皮膚，對身體造成傷害。明知道化療會將好細胞與壞細胞都一起殺死，非常傷身，但我們別無選擇。

第一次的療程就連續四天。由於藥效太強，第一天副作用就開始陸續出現，Mina 開始食慾不振、口腔黏膜破洞、脖子痛、腸胃腫脹、脹氣、肚子痛、拉肚子、嘔吐，甚至連膽汁都吐出來了，更沒胃口吃不下東西。

即便每次打化療藥前已經先打了止吐針、止瀉針預防，但仍敵不過藥效對身體造成的傷害，將近二十天都在上吐下瀉。除了服用整腸、止吐、止瀉藥物外，還禁食了三天。後來即使慢慢恢復飲食，也只能吃少量的清粥加少許鹽巴。這個過程即便大人都覺得難熬，更別說是四歲的小孩了。

化療會掉頭髮

讓我們感到為難的是，不知道要怎麼跟 Mina 解釋化療會掉頭髮這件事。自從打化療後，其實每天睡醒時，枕頭上、床上都已有些落髮，Mina 一開始並不太在意，但漸漸的，一天比一天還要多，於是我決定先和 Mina 溝通。我跟她說：「因為妳生病了需要治療，治療會掉頭髮，而且可能會全部的頭髮都掉光，但沒關係，這只是短暫的，等治療結束後，頭髮就會再長出來了，妳不用害怕，爸爸、媽媽和姊姊都會陪著妳的。為了不讓頭髮一直掉，我們要不先把頭髮剪短，好嗎？」

雖然我不知道她是否完全懂我的意思，但她默默地點點頭接受了。她的眼神雖然失落，但令人訝異的是她沒有大哭大鬧，甚至連掉眼淚也沒有。雖很不捨，但心中也溫暖了起來。Mina 或許是覺得，不管如何，只要爸爸、媽媽、姊姊能和她在一起，就什麼都不用擔心了！不管如何，她都是我勇敢又堅強的 Mina，她真的好棒！

第一次化療的第八天，我幫她安排了美容師到病房洗頭並把頭髮修成平頭，其實在洗頭的過程中，已有大把大把的頭髮掉落，這時在一旁的我已忍不住偷偷掉淚，不敢讓女兒看到，所以還是故做堅強地跟妹妹說：「妳的頭髮已經掉了很多了，等一下看到不要害怕、不要緊張喔！」「哇！妳短頭髮怎麼這麼可愛、這麼帥啊！等等拿鏡子給妳看喔！超帥氣的！」

洗完頭後，Mina 看到水槽裡有一大團頭髮，臉色有點僵硬，我很怕她無法接受現在的模樣而大聲哭鬧，但她看到鏡子裡的自己，摸摸自己的平頭，依然很平靜，接著拿起手機拍下改變後的模樣，情緒也沒有什麼波動。更讓我驚訝的是，Mina 還給我一個大大的笑容。

緊急狀況

接下來就是漫長的化療過程，看著 Mina 小小的身軀要承受這麼大的煎熬，我們內心無比痛苦，但 Mina 卻一次次都忍受下來了。

記得二〇一三年五月中旬，Mina 做第六次化療時，入院的第一天她就有些感冒，打藥的第二天晚上，躺在床上翻來覆去，第三天一大早就嘔吐，吐完又跟我說了一些奇怪的話。Mina 跟我說：「媽媽，我好久沒跟阿俊阿公一起吃飯了對不對？」

聽到她這麼說，我很訝異，因為她爺爺在她一歲多時就已經去世了，那時候她還很小，應該沒什麼記憶才對呀，怎麼會突然提起爺爺？

正當我覺得奇怪的時候，Mina 突然不講話、接著翻白眼、全身不停的抽搐、口吐白沫，我嚇得趕緊呼叫護理站。我不停按著對講機呼喊著：「護士、護士！快、快點過來！我女兒口吐白沫了！快點過來！」

很快地，醫生護士都一起衝了進來，這時候的 Mina 雖然還有意識，但身體無法自主，一直不停地抽搐，手腳胡亂揮舞著，由於身上的人工血管還在注射化療藥，醫生先將化療藥停掉，並準備在她手和腳上各扎一針，但由於 Mina 太亢奮，好幾個護士一起壓著她，讓醫師快速地在她手腳各扎兩針，一針鎮定劑、一針鈉離子。接著護士趕快讓她身體微屈側躺，給予氧氣，幫助 Mina 放鬆。

醫生說：「孩子可能是因為打化療藥而產生電解質不平衡才會這樣的，補充完鈉離子就沒事了。」

但那一刻，真的嚇到我了，一度我還以為自己就要失去 Mina 了。

自體骨髓移植

經過十個月漫長的療程，緊接著的是讓我們最擔心、最害怕的療程——自體骨髓移植。

二〇一三年八月二十九日，Mina 入住移植室（亦是無菌室）。所有的物品要進入無菌室都必須經過紫外線消毒，人員進出嚴格控管，醫護人員只有一個人可以進去，家屬也只有一個人可以在裡面照顧 Mina。

因為在移植過程人會完全沒有抗體，因此完全沒有抵抗力，身體非常虛弱，照顧上需要特別小心。所以任何人進入無菌室都需要全副武裝（著防護衣、防護帽、兩層口罩），每天必須打掃房間並消毒環境。Mina 要吃的食物必須全熟外，還需要微波殺菌才能食用。

進入移植室後連打兩天高劑量的化療藥，打完後又吐又拉、發燒、血球低、過敏等……各種副作用陸續出現。還因為免疫功能差需要施打免疫球蛋白。打完化療後五天，開始種幹細胞進行骨髓

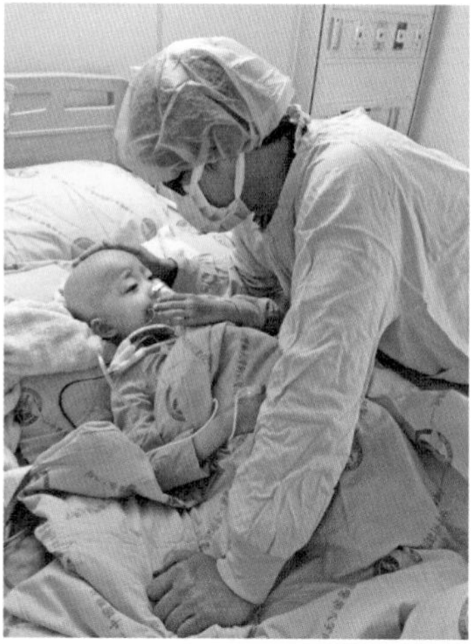
看著 Mina 痛苦樣子，我們心都碎了。

移植，輸幹細胞的過程一直聞到很臭的味道，很像烤甘蔗烤焦的味道。過程中血壓飆高、還血尿。幾乎無法進食，一吃就吐，甚至血氧不足，嘴脣還發紫，緊急供氧才改善。在輸幹細胞的過程，Mina 一直掐著自己的脖子、大聲嘶吼著：「好痛、好痛！好不舒服！」並大哭叫著爸爸媽媽。醫生趕緊幫她加嗎啡舒緩。

沒想到骨髓移植對身體產生的副作用，比之前化療時的反應更激烈。第一次看到她如此難受，我們的心好痛，如同刀割般痛苦難受。

更可怕的是，從 Mina 口中吐出一整條約十公分長的白色黏膜，我簡直嚇傻了。Mina 也被自己的嘔吐物嚇到了，慌張地哭了起來。雖然我也受到驚嚇，但仍必須強作鎮定，趕緊抱著她，好好安撫她的情緒。事後問醫生才知道，那條白色黏膜應該是 Mina 的腸胃道黏膜。因為化療藥造成黏膜受損所導致。聽到醫生這麼說，我的眼淚一直不聽使喚地狂流，心想 Mina 一定好痛，而我的心更痛啊！

由於腸胃不適，而且喉嚨嘴巴破洞痛到不敢吞口水，只能將口水一直吐出來，Mina 禁食了大約半個月都沒吃東西，再加上一天無數次水便，我們真的很擔心只靠營養針補充，她的身體會承受不住。

為了保持清潔，怕她被細菌感染，所以每天還是得幫她清洗身體保持乾淨。當然，洗澡的過程，我們也是得全副武裝，全程穿戴防護衣、防護罩及兩個口罩。

最後，我們終於熬過了在移植室猶如人間煉獄的三十天，總算等到解除隔離轉到一般病房。但為了安全起見，我們仍選擇單人病房，避免感染。轉一般病房後，我們心情明顯輕鬆許多。畢竟移植室是隔離的環境，處處得小心的氛圍會讓人覺得壓力特別沉重。

Mina 轉回一般病房後，姊姊假日也可以來陪伴她，一家人終於又團聚在一起，Mina 也很開心。相信身心是交互影響的，心情愉悅對身體恢復也有幫助。

走了將近一年的療程，Mina 經歷了七次的化療、開刀、收自體幹細胞、自體骨髓移植……每一次的治療都會產生很大的副作用令身體不適，但最辛苦難熬的療程都已度過，接下來的療程算是比較輕鬆的，而且可以住在自己家裡，只要定時到醫院做放射治療即可。

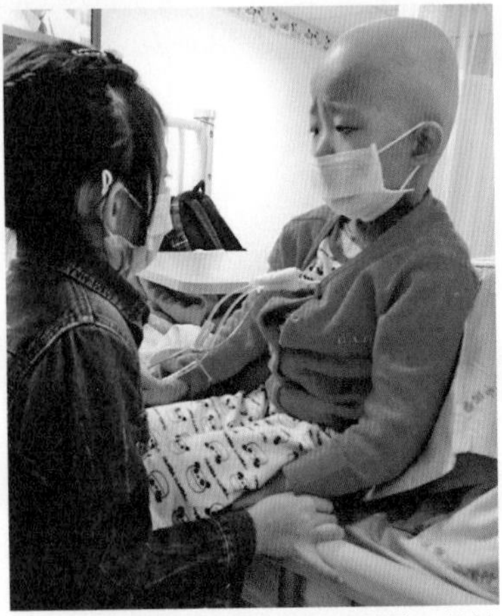

在移植室一個月沒看到姊姊，終於能見姊姊時 Mina 激動得哭了。

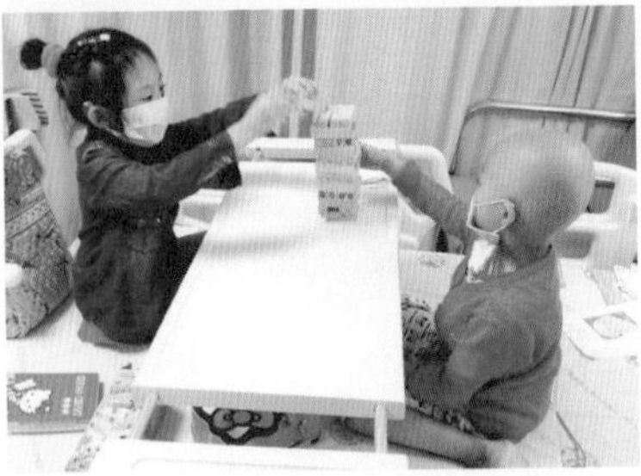

姊妹倆終於可以一起玩了 Mina 真的好開心！

姊姊必須回家了，姊妹倆依依不捨互相擁抱。

在完成了二十天的放射治療後，終於走到最後一個療程：口服Ａ酸。口服Ａ酸主要是為了維持神經細胞的正常分化，避免復發，在服用Ａ酸期間，臉部變得較為乾燥，但只要適時給予保濕乳液保持濕潤就好。這時只要想到不用住院，就是最大的幸福了。應該很難想像，大家習以為常的居家生活日常，對那時候的我們來說竟然是最奢侈的事。

好不容易，最後的Ａ酸療程也終於在二〇一三年十二月底完全結束了。從二〇一二年十月十八日一直到二〇一三年十二月三十一日，為期四百四十天的日子裡，為了活下去，Mina 孱弱瘦小的身軀，受盡了無窮盡的折磨。

陪伴 Mina 經歷了這一年多艱辛的療程，我們夫妻也被迫成長了。這段時間裡，我們更珍惜彼此，了解活在當下、珍惜生命的重要性。過去常聽別人說，人生無常，有想要做的一定要把握機會，有夢想一定要勇敢去圓夢，不要留下遺憾。若沒經歷過這一番苦難，未必能真正領悟這個道理。

雖然若是能選擇，我們也不想透過這樣的經歷來體悟這番道理。可是我也相信，每件事情之所以會發生，必有原因，所以我們只能安然接受，勇敢面對。

9 醫療之外，我們還能做些什麼？

Sammi

Mina確診後，除了找醫院問醫師，我們自己也不斷地上網搜尋、閱讀相關書籍，腦袋想著除了醫生安排的療程外，身為家人的我們，還能為她做些什麼呢？

Mina生病的消息傳開後，我們陸續收到親朋好友的關心與祝福，有很多熱心的朋友會分享很多關於癌症治療的書籍、聖經經文、偏方、保健品、求神拜佛、問卜或算命等訊息，也收到許多鼓勵的卡片，這些都是支持我們一家往前邁進的愛與正能量。只要是可以讓Mina更好的，在不會對她身體造成傷害的前提下，我們都願意去試試。

中西合併的治療

在醫療方面，有位貴人跟我們說最好採取中西醫合併的治療方式，可以治標又治本。由於化療會對 Mina 的身體造成極大的副作用與不適，所以藉助中醫來調理身體虛弱的部分，已經是醫界治療癌症的趨勢。藉由中醫調理，讓虛弱的身體可以去對抗一次又一次化療對身體的侵害。然而，這對從沒吃過中藥的 Mina 來說，也是一個很大的挑戰。剛開始服中藥時，她非常抗拒，甚至喝完中藥後反胃到又吐又哭泣，我們用盡了各種方式說服，讓 Mina 慢慢接受中藥，持續性地把脈看中醫搭配西醫的療程，一段時間後確實感受到 Mina 身體狀態的平穩性，於是我們就持續配合中西醫合併的治療。但要切記，中醫治療是在中西醫搭配的狀態下進行，千萬不要服用來路不明的草藥、偏方。唯有堅持走正規療程，才是正道。

宗教的力量

當人們遇到不順遂時，總會希望心靈有個寄託，於是我們也免不了開始求神問卜。長輩們說，孩子生病了除了需要有緣的醫生幫忙外，也要神佛的幫忙。我們沒有特殊的信仰，也不迷信，但在這樣低落的時期我們也不排斥，只要有人跟我們說哪裡的廟很靈，我們就會帶著 Mina 去參拜、祈求神佛保佑 Mina 早日恢復健康；遇到基督徒朋友熱心為我們禱告，我們也會跟著一起禱告；也有來自各個宗教的朋友向我們分享用讀經的方法來幫助 Mina；更有朋友提供「家族排列」的心理治療方式，期盼透過找出家族失衡之處來理解 Mina 生病的原因，以及她帶來的使命。

當心靈因為生命的不確定而徬徨不安時，宗教似乎真的可以提供慰藉，安撫人心，幫助穩定心情，只要心穩定了，就有力量面對接下來的醫療挑戰。

放鬆心理、調節身心靈

當 Mina 身體出現狀況後，我們很認真地做了很多功課與研究，希望藉由醫療之外的輔助讓她儘快康復。除了身體本身的狀況外，心理因素也很重要。古人說：「七分精神，三分病。」有些疾病是心理因素，而非生理因素造成的。生病，有可能是情緒能量在身體嚴重堵塞，可見身心靈是彼此影響的。於是我們也朝這方面努力，尋找可以放鬆心情的療癒音樂，每天睡前或空檔時間播放，跟孩子一起讀繪本，與孩子一起畫畫紓解緊張的情緒。每天晚上睡前，也讓孩子泡腳，促進全身血液循環，加上使用精油、花精等按摩，來達到全身放鬆的目的。

食療：改變飲食習慣

Mina生病後，我們也閱讀了很多關於飲食的書籍，發現每一種食材對我們人體都有不同的功效與療效，最好的藥材其實就是食材。最好的藥房其實就在廚房。我們理解了藥補不如食補，其實天然食材中具備了很多食療的成分，不但可以幫助身體修復，補充身體營養，儲備體力、提升免疫力、增加抵抗力外，甚至還可以治癒身體的一些小疾病，舒緩身體的不適。人一天必須吃三餐，而且民以食為天，其實現代很多疾病大多都是不當飲食吃出來的，可見飲食真的是一門很大的學問。

我們決定用食療來幫助Mina，於是全家也一起改變飲食習慣，以原型食物做料理，儘量少油、少鹽、多粗食，少吃加工食品，並且拒絕添加物。我們發現加工食品常會為了增加色香味而加入食品添加物，日常生活中很常見的食品都有添加物，這像是個隱形殺手，所以我們在挑選食品時都會特別注意，有太多添加物的我們儘可能不挑選。挑選食材的部分，會挑選當季時令、產地直送、有機、無農藥、自然栽種的無毒食材，以確保吃進去的食物不會讓Mina身體產生負擔。

Mina在治療的過程中，我們除了配合中西醫合併的治療外，最重視的就是食療的部分，這也是我們可以盡全力做的事。我們全家人跟著一起改變飲食習慣後發現，抵抗力似乎也真的都變更好了，相信食療對Mina也是有很大的幫助。

打造無毒環境

Mina 生病後，我們不斷地反省，到底是哪個環節沒做好、沒注意導致 Mina 生病？雖然醫生說神經母細胞腫瘤是個人的基因突變，但經過我們研究資料後發現，有報告指出，有八成的血癌病童曾在兩年內搬家，由於新房裝修會產生大量的室內汙染，而裝修過程中產生甲醛、苯、甲苯、二苯等氣體飄在空氣中不散更對人體有害，可以說是身體的致癌殺手。

為了避免環境汙染再度危害孩子的身體，只要我們有添購家具或裝潢，我們一定會先使用去除甲醛的噴劑，並搭配空氣清淨機，將不好的物質轉化成乾淨的空氣。

此外，我們的生活必用品也隱藏許多無形殺手，像是：洗碗精、洗衣精、沐浴乳、洗髮乳、洗面乳、化妝品、乳液、香水等，這些用品有許多會添加了不該添加的化學成分，輕則滲入體內造成過敏外，嚴重可能還會有致癌的可能性。因此在挑選這些日用品時，天然、無添加、有機，是我們購買的準則。

改變生活習慣：放慢自己的腳步

在Mina發病前，我們為了衝事業整天忙於工作；Mina生病後，我們不斷反省思考我們這幾年的生活方式，似乎因為工作忘了偶爾需要停下腳步。也因為Mina生病，讓我們不得不慢下來，這也讓我們知道「慢活」的重要性。於是我改變了過往高壓高工時的生活方式，除了陪伴Mina治療與工作的時間外，只要Mina的身體狀況許可，我們一家人會到附近的公園散散步，或者安排一場小旅行。把步調放慢，用心感受身邊一切的美好事物，轉個念，樂觀積極面對。

Mina生病對我們全家而言雖是危機，但轉個念，從正面角度看待，其實我們一家人也因為孩子生病，重新檢視原有的生活方式，修繕與家人的關係，重新看待原本因為習以為常而忽略，但其實珍貴的日常。這一切都提醒我們必須改變，我們一家人變得更懂得珍惜，也體認到唯有活在當下，才能真正的快樂。

我相信，Mina是去了天堂，
她的身體脫離病痛後，
會過得更開心、自由……

PART 2

全世界最痛的失去

1 老天爺的第二個玩笑

Sammi

二〇一三年十二月底 Mina 結束療程後，大約有一年半的時間我們一家人恢復著過往幸福快樂的日子。那段時光我們格外珍惜，擔心這個幸福時光稍縱即逝，在這一年半裡，我們定期回醫院追蹤，不敢輕忽。

記得療程結束後三個月，第一次回臺北醫院追蹤檢查，檢查報告發現 Mina 的右腳鼠蹊部有一點微微的亮點。醫生說：「有可能是這個地方仍有癌細胞才會有亮點，但也不一定是，其他的報告指數都很正常。」要我們持續觀察不要太擔心。

雖然醫生說得一派輕鬆，但我們聽後還是很憂心，但也由於 Mina 沒有任何不舒服，所以也只能自我安慰：「沒事的，不要胡思亂想，要珍惜老天爺給 Mina 重生的機會。」

我們仍選擇繼續正面面對，活在當下，珍惜每一天一家人能在一起的生活。

移植後第三次的回診，Mina 陸續出現腳痛、不舒服的症狀，我們開始擔心是不是癌細胞開始在作怪？一直很擔心的復發會不會真的發生了？就這樣帶著複雜的心情北上就醫。

二〇一五年四月二十六日回醫院追蹤，住院追蹤檢查的前幾天 Mina 不太舒服，一直說她腳很痛，晚上也睡得很不安穩，一直翻來覆去，晚上起來哭了好幾次。給一般止痛藥也沒效果，痛到無法入睡，看 Mina 這樣，我們想起上次的檢查報告，害怕、不安與恐懼的情緒不停地湧上心頭。

我永遠記得看報告的那一天。

對我們來說那是非常黑暗的一天，有如世界末日般的黑暗。

醫生面有難色地到病房，並請我們夫妻倆到病房外面說：「這次的追蹤檢查報告很不樂觀，在 Mina 右腳鼠蹊部發現約五公分的腫瘤，確認後確定是復發。」

醫生短短的幾句話，足以讓我們崩潰……

我們很擔心地問醫生：「接下來我們該怎麼辦？該怎麼做、怎麼治療？」

醫生雖然面有難色，但還是毫不猶豫很肯定地回答我們：「沒有辦法了，神經母細胞腫瘤一旦確定復發，即便再做任何療程都沒有效果了，任何的療程都只能減輕她的身體不適無法治癒她的疾病，復發後治癒率是〇%，爸爸媽媽你們要有心理準備。」

我們腦中一片空白，晴天霹靂的消息我們根本來不及消化和理解。我們強忍住眼淚問醫生：「什麼心理準備？」「一般復發後大約還有多少時間？」醫生說：「沒有一定，一般復發後大約還有三個月到一年半不等，因人而異……」

在病房外的我們聽完都傻了，我們一直很擔心的事終究還是真的發生了。怎麼會？怎麼會復發？這一年半我們把 Mina 照顧得很好的，Mina 的身體也一直恢復得很好啊！老天爺既然讓 Mina 重生，給了我們希望，為什麼又讓她復發，讓我們再度絕望呢？

此時的我們沒有太多時間可以悲傷，我們在病房外抱頭痛哭，但擦乾眼淚，整理好情緒後還要回到病房面對 Mina。看著天真無邪的她，小小年紀經歷了猶如人間煉獄的療程，原以為一切都會更好的，沒想到幸福快樂的日子才過一年半，復發的惡夢就來了。

「好好活著」這句話對當時罹患神經母細胞腫瘤第四期且復發的 Mina 來說，是一件多麼奢求的渴望。

也許醫生要把最不好的狀況都先讓我們知道，但醫生那不帶感情的幾句話就像是生死判書，讓我們覺得好無情、好失落、好絕望。

絕望到谷底的我們，看不到一點點的希望，但為了孩子我們不得不堅強，再怎麼低落的心情都必須在大哭後放在心裡，鼓起勇氣繼續向前走。

於是我們快速收拾行李，緊接著馬上辦出院，立刻帶著兩個女兒衝回臺中找 Mina 的主治醫生——巫康熙醫師。

雖然巫醫師看完報告後的說法與臺北的醫生一致，但他的說法讓我們感到些許的安心，也立馬安排 Mina 住院開始進行緩和醫療，先舒緩她腳痛的不適。

於是，我們又開始逼不得已地以醫院為家了……

打從 Mina 發病到復發，醫生就告知我們，Mina 罹患的是神經母細胞腫瘤第四期，狀況非常不好，治癒率極低、復發率極高、癒後狀況不太好。但我們從來沒有失去我們的信念，相信 Mina、相信我們自己、更相信會有奇蹟，我們決定即使身處絕望，我們仍要奮力一搏。

緩和醫療走了五個多月，Mina 做了四次化療，緩和醫療的確舒緩了 Mina 身體的不適，但做了追蹤檢查後，療程對於腫瘤似乎沒有任何效果及改善。聽到這樣的消息非常失落，我們和醫生討論後，決定不再接受任何治療。二〇一五年十月，我們決定一家人要開開心心地好好度過每一天。

人生不會一路順遂，當我們遇到困境時只能選擇正面面對。曾經我們自認為自己充滿正能量，但當老天爺不斷給予我們無情的考驗，給了我們希望，又莫名地讓我們感到絕望時，我們仍會懷疑自己是否真的能一直保有正能量。

事後我們反覆聽著周深的歌——〈生活總該迎著光亮〉，這首歌猶如我們故事的寫照，總能為我們帶來能量：

「生活總該迎著光亮，再跌跌撞撞也要堅強，數著流星降落你肩膀，而我一直陪伴在你身旁。生活總該迎著光亮，失望過後擁抱更多希望，夜的盡頭叫做陽光，手中的幸福終將會綻放。」

人在絕望黑暗時，如果看不到一點點光，那是無止境的失望，
人在黑暗時，若有一道光，即便是微微的光，那就是無限的希望。

2 無法言喻的痛

Sammi

二〇一五年十月，我們決定不再讓 Mina 接受任何治療後，一家人離開醫院，回家過著以往簡單的生活。沒有醫療，只有媽媽為她用心準備的食療與幸福的慢活生活。我們盡最大的力量照顧 Mina，我們沒有絕望，仍對未來抱有希望，期望會有奇蹟發生在我們身上，相信一切會好的。

就這樣我們抱著堅強的信念，祈求老天眷顧我們，眷顧 Mina。

那些日子，每天規律的生活及飲食上特別的調整，Mina 的身體狀況非常好，原本因為藥物副作用導致瘦弱的身體也長出肉來，就這樣平靜地生活了半年。

這半年，我們用滿滿的愛陪伴，一家人堅定信念，相信未來的辛苦我們都能一起克服。

但是最不願意發生的事還是找上了我們。

二〇一六年二月臺灣突然來個帝王級寒流，氣溫急速下降，臺灣幾乎沒有這麼冷過，冷到平地都下冰雹了。正常人的身體都很難負荷，更何況是當時癌末的 Mina？自從那次寒流，Mina 的身體開始出現問題，走路變得怪怪的，莫名一跛一跛的，看到這樣的她，我們開始擔心是不是狀況又變差了。

由於 Mina 沒有特別疼痛或不舒服，再加上醫生早已判 Mina 死刑了，所以我們也就沒有特別回醫院就醫。但仍然持續觀察著她的狀況。

二〇一六年四月十九日，Mina 的腳開始劇烈疼痛，整個右腳水腫到不行、骨盆腔腫了起來導致無法走路需要人抱。晚上總是翻來覆去、不好入睡、體溫偏高、情緒低落、臉色蒼白，人顯得疲倦慵懶。由於疼痛越來越頻繁、越來越劇烈，Mian 一直不停地哀嚎著說她好痛，我們帶著忐忑不安的心急忙帶她送醫急診。

醫生評估後很嚴肅地跟我們說：「你們要有心理準備。當任何醫療都無法治癒疾病時，只能走安寧緩和醫療了。癌細胞擴散，腫瘤會引起劇烈疼痛，癌末腫瘤引起的疼痛如千萬條蟲子鑽進身體，像有刀子往肚子裡不斷重複切割、痛得入心入肺，那種疼痛強烈到無法想像、不可言表，已經超過語言能表達的程度。當癌末，腫瘤已經無

Mina 掛急診的前一個星期，我們去野餐時一切都很正常，玩得好開心。

法治癒時，醫生能做的也只能使用嗎啡來減輕疼痛。」聽完醫生的說明，我們整個心都碎了，這樣的疼痛指數任誰都無法忍受了，況且是一個不到七歲的孩子。

在醫院使用嗎啡來緩減疼痛的日子一待就是半個月，而且為了壓制疼痛，醫生不斷增加劑量來緩解不適。最後醫生甚至來跟我們討論是否進行阻斷痛神經的手術來抑制 Mina 痛的感覺。

看到她如此難受我們卻無能為力，真的好無奈、好難過。Mina 每喊一次痛，我們的心就像被刀割了一下。Kenny 幾次說想去醫院外面透透氣、散散步，回來我有發現他的眼睛紅紅的，我知道 Kenny 一定也扛了好大的壓力，但他都獨自一人到醫院旁的公園哭泣，不敢讓我們看到，總是帶著微笑回來面對 Mina。

這段期間 Mina 多次到醫院輸血，三個血球指數一直不足，只能靠輸血勉強維持。但造血功能似乎已經出現異常，無法正常造血，即使輸完血也很快就流失，需要不停地輸血。因為缺血氧氣不足，所以需要使用呼吸器，就這樣過著依賴輸血、依賴嗎啡、依賴呼吸器維生，完全看不到希望的日子。

醫生束手無策，身為父母的我們也無能為力，只能眼睜睜看著自己的孩子被病魔無止境地折磨、無止境地循環著。

我想世界上最痛苦的事，大概就是看到孩子受苦，做父母的卻只能眼睜睜看著她痛，什麼也沒辦法幫她做。

「我寧可放手。」一個念頭閃過我的腦海中，我知道失去她，我們一定會很不捨，但我寧可她不必再承受病痛，也不願看她躺在病床上全身插滿管子每天靠輸血、打嗎啡勉強硬撐著留在我們身邊。

這樣痛不欲生的日子，持續了約一個半月。

五月底，原本身心狀態很不好的 Mina，突然間精神狀況變很好，原本只要不小心被輕碰到右腳都會痛到大哭，那兩天腳竟然一點反應都沒有，問她會不會痛也都說不會。已經有好長時間因為疼痛而食慾不振，幾乎無法進食的她，竟然說她要吃芝麻包，整個狀況突然好轉。這天阿公、阿嬤、叔叔、阿姨、哥哥、姊姊、乾媽等眾親友都來醫院看她，一整天陪她聊天，有說有笑的。看到這狀況，我們心裡也寬心了許多（後來回想起，這些短暫的好轉現象，似乎就是人家所說的迴光返照吧）。

晚上親友都回家後，約莫十點多，我們準備睡覺時，原本都好好的 Mina 突然大哭大叫了一聲：「媽媽！」接著吐了一大口血，整個人開始昏昏沉沉的，把我們都嚇死了。我們狂按服務鈴趕緊請來醫生查看情形。醫生看完 Mina 後，很嚴肅地跟我們說：

「爸爸媽媽對不起，應該是癌細胞已經侵犯到腦部了，你們要有心理準備，她的時間不多了。可能今晚，也有可能會再撐一到兩天，時間由她自己決定。」

雖然一路陪伴 Mina，從抗癌到癌末安寧，原本以為自己已經做好心理準備，但這天真的來臨時，我還是無法接受！

我趕緊打電話把剛離開不久的家人們都叫回來醫院，大家輪流在 Mina 耳邊跟她說話、抱抱她、叫她。她一直都沒睜開眼睛，但似乎知道我們在她身邊、跟她講話，所以一直伸手要我們抱她。這時仍能透過擁抱感受她的溫度，聽到她的呼吸，感覺她的心跳，對我來說，這是最奢侈的幸福。

人都害怕失去，害怕失去自己所擁有的一切。此時我很害怕，以後再也沒辦法擁抱 Mina 了。我不敢再想，那個沒有 Mina 的未來，我們一家人要如何度過？

我在她耳邊輕輕地說：「Mina 我們都很愛妳，我知道妳也很愛我們。我們都很捨不得妳，媽咪知道妳也很捨不得我們，但是媽咪更捨不得妳痛，所以媽咪希望妳選擇對妳比較好的方式。媽咪永遠愛妳，所有愛妳的家人們都陪在妳身邊，大家都很愛妳喔。」

就這樣，所有疼愛 Mina 的家人們都靜靜地陪伴在 Mina 身邊、守護著她。

我在心中默默向上帝禱告，如果不可能會有奇蹟，請不要再折磨她，不要讓她再這麼痛……拜託請讓她可以不再受病魔的折磨，安心地去當天使，好嗎？

當天凌晨，上帝真的把 Mina 帶走了。

我們一家人最後一次合影紀念。

從 Mina 昏昏沉沉到離開才短短的兩三個小時，她離開人世去當小天使了……

二〇一六年五月三十一日凌晨 ，Mina 真的離開我們了……

這些年來我們陪著 Mina 一起努力地活著，經歷過無數恐慌、擔憂、無奈、失望、痛苦，雖然每次看檢查報告都宛如閱讀生死判決書，雖然每次都想放棄，但總是有個聲音提醒我們要保持「正面思考」。

但正面思考談何容易，更何況當人心情 down 到谷底時？然而一路走來，即使在最痛苦的時候，我們仍然掙扎著，讓自己能保有一絲絲正能量。正因為這樣，我們才能走到現在。

失去女兒的痛無法言喻，是痛徹心扉的痛，是全世界最痛的痛，更不是三言兩語說得清。但我相信，Mina 是去了天堂，她的身體脫離病痛後，會過得更開心、自由，我們應該感到欣慰。在她人生旅途的最後這段路，全家人都陪伴在她身邊，有好多的人愛她疼她，她帶著大家滿滿的愛與祝福離開，也留給我們滿滿的愛的能量。她是最棒、最幸福的天使寶貝！

我們最愛的 Mina，我們永遠不會忘記妳，我們也永遠愛妳，妳永遠都在我們心裡！

3 留下來的我們

Sammi

Mina 離世後，我們一家人需要時間好好調整自己的心情、整理思緒、思考沒有 Mina 的日子我們一家人該如何面對，該如何接下來的生活？

記得 Mina 離開那天，我們的心破碎了，這樣的心痛是愛的代價，我們一家人原本感情多緊密，此刻就有多痛。這個家原本到處充滿了 Mina 的身影，她的歡笑聲、燦爛笑容，如今都已成雲煙。我緊緊抱著大女兒 Oliver 歇斯底里地大哭一場。不知道我們哭了多久，只知道心好痛好痛……痛到無法言喻，哭到眼睛腫得幾乎睜不開。

大哭過後，我跟 Oliver 說：「想妹妹的時候可以跟媽媽說，媽媽會陪妳一起想她，會陪妳一起哭。但我們不要每天哭哭啼啼的，這樣妹妹看到了會捨不得，也會走不開，雖然我們不能和妹妹一起生活了，但妹妹已經沒有病痛，對她來說是一種解脫。

我們都捨不得看到妹妹一邊哭一邊喊著很痛的樣子對嗎？所以我們要祝福她不要讓她有牽掛。」

其實當時 Oliver 才九歲，也不知道她是否聽得懂我的意思，我只知道自從那次與我一同嚎啕大哭後，就再也沒聽到她大哭了。當時真的覺得她出乎我意料外的平靜與堅強，沒想到這一切都是偽裝的。

幾天後，我接到學校老師打來的電話，老師跟我說，Mina 離開後她一直在關心注意 Oliver 的情緒，老師想抱抱她、鼓勵她，卻發現她非常堅強，老師覺得她太平靜、太堅強了，是個過於成熟的孩子，深怕她不懂得抒發自己的情緒，悶在心裡會生病的。老師建議我們跟她好好聊聊，多開導她會比較好。聽完老師的勸導後，我回家馬上找 Oliver 聊聊。

我：「妳……還好嗎？」

Oliver：「嗯……」

我：「妳會想妹妹嗎？」

Oliver 突然緊緊抱著我開始放聲大哭：「我好想、好想妹妹……妹妹，我要妹妹……」

聽到她的哭喊我的心再度碎了一地，緊緊抱著她一起大哭。

我：「上次我們一起歇斯底里的大哭後，媽媽就沒再看妳哭過，妳是不是都憋在心裡，這樣媽媽會很擔心妳。」

Oliver：「媽媽妳不是說我們不能一直哭哭啼啼，這樣 Mina 會走不開，對 Mina 不好嗎？所以我不敢哭，我怕這樣會對妹妹不好……」

我：「我親愛的寶貝姊姊啊！妳未免也太聽話懂事了吧！媽媽的意思是說，我們可以想念 Mina，我們會難過，當然也可以哭，我們怎麼可能不哭？況且哭可以抒發我們的心情，我們的心才不會生病啊！我們雖然難過悲傷，但日子總是要過，不能老是哭哭啼啼啊。」

就這樣，我們一邊哭、一邊笑、一邊聊天、一邊回憶以前和 Mina 在一起的點點滴滴，我們邊哭邊笑，邊笑邊哭，回想起的都是我們開心的回憶。

Mina 狀況不太好的那些日子，我不敢想，如果、萬一我們真的失去她，我們該怎麼辦？日子該怎麼繼續下去？Mina 離開後，我每天哭著睡去又在睡夢中心痛到哭著醒來，醒著哭、睡著也哭，真希望睡醒後這只是一場夢。

那時不管人在哪我都覺得心痛，不管有多少人陪在身邊都覺得心好空，不想接近人群只想靜靜地待在角落，淚水總是不自覺地不停從眼角落下。

白天工作時故作堅強，招待客人時我們沒哭，倒是客人先難過得落淚。我知道表面的平靜都是偽裝，因為我們還有姊姊要照顧、還有工作要做、還有事業要經營，所以只有在夜深人靜時以淚洗面，眼淚弄濕了枕頭，枕頭濕了又乾，乾了又濕。有時我會在洗澡時躲起來放聲大哭，不敢讓 Kenny 知道，更不敢讓女兒看到我失控的模樣。

那段時間什麼事都提不起勁，每天得過且過，宛如行屍走肉。就這樣虛度了好幾個月，有一天突然覺得自己不能再繼續這樣過日子了。Mina 一定也不希望看到我們如此頹廢。

我們必須要振作、要堅強，要連 Mina 那一份一起勇敢地活下去，而且一定要活得更精采。

所以我們開始嘗試沒體驗過的生活，我們開始嘗試旅行，並且每個月安排全家人一起去露營，感受大自然的洗滌，慢慢轉移悲傷的情緒，心情似乎也變得平靜一些。

我也開始真正接觸瑜伽，無論多忙，每週堅持上三天的課程。

許多人會藉由瑜伽來減肥塑身，但瑜伽對我來說不只是運動，而是修身養性的活動。藉由調身的體位法、調息的呼吸法、調心的冥想法，達到身心靈合一。練習傾聽身體的感覺，讓身與心產生共鳴。

記得每次瑜伽課程後的大休息——全身關節舒展放鬆後，躺在地上，將身體放鬆，聽著老師頌缽的聲音，感覺自己的身體變得很輕很輕，就像躺在大地上或飄在雲層上的輕柔。我閉著眼睛，在這個當下，我能感受到 Mina 甜美可愛的臉龐彷彿就在我眼前，她笑著跟我說：「媽咪，我很好，妳也要好好的生活哦！」此刻 Mina 就在我身邊，就像沒有離開過。

這幾年上瑜伽課的日子，讓我覺得瑜伽除了舒展放鬆身體外，更撫慰了我的悲傷、療癒了心靈。真的很感謝我的好友兼瑜伽老師，那段時間為我帶來的鼓勵與能量。

Mina 離開三年後的聖誕節，我們一家人第一次鼓起勇氣，走進醫院關懷病童與病童家庭。這對我們來說是一件非常不容易的事。我們親手製作天然手工杯子蛋糕並帶到醫院送給孩子們。在醫院，看到一個妹妹跟 Mina 的樣子很相似，忍不住又淚水狂流。我以為三年的時間夠長，長到會讓自己變得勇敢，但那天看到那位孩子不舒服的樣子，又讓我回想起 Mina 在醫院治療時的點點滴滴，心中更是五味雜陳，忍不住又默默落淚了。我想無論經過了多少年，這個痛將永遠在我心裡，無法淡忘。

我們一家人決定要連同 Mina 的那一份，一起活得更精采。

時間帶不走悲傷，但如果能將悲傷化為力量去幫助需要幫助的人，為需要幫助的人點一盞燈，這份愛就能無限蔓延。

雖然時間帶不走悲傷，但人生的路上來不及悲傷，留下來的人一定要活得更精采！

我們心中永遠最愛的 Mina 寶貝（2009/02/03 ~ 2016/05/31）。
感謝 Mina 在治療過程中，所有照顧、幫助及鼓勵過 Mina 的醫護人員、家人、朋友、夥伴、粉絲們，真心感謝你們對 Mina 的愛，有大家滿滿的愛，Mina 真的好幸福。

4 在旅行中尋找答案

Kenny

Mina 的後事都處理圓滿後，我們需要很多時間、空間來整理我們的思緒，替過去那四年，處於擔心、害怕、失落及極度緊繃的心靈尋找一個紓壓的地方。

但熟悉的環境裡到處都充滿了 Mina 的影子，實在讓我們痛不欲生，我們需要轉換空間、轉換心情，於是決定遠離傷心的地方，飛往我們一家最愛的國度——日本。日本是 Mina 最念念不忘，我們約定好治療結束一定要再去的地方，只是所有的約定變成眼淚，只能帶著 Mina 熊一起踏向這段療傷旅程。

或許是怕觸景傷情，所以沒有選擇熟悉的東京、大阪、沖繩，我們決定到之前沒去過的北海道，預計用九天的時間，在空曠的大自然裡流浪、散心、放空。或許，一邊流浪、一邊流淚、一邊想念、一邊回憶，這樣才能漸漸放開，心才會跟著微笑。

第一站：北海道

以前只要出國旅行總是一家人一起去，這是我們第一次全家出國玩沒帶 Mina，意識到這一點讓我好失落。到北海道的第一晚完全沒有出國旅遊的興奮感，只有滿滿的悲傷與疲累。原本幸福的一家四口怎麼突然間變成了失落的一家三口？

夜晚走在北海道的大街上，悲傷的情緒不停地湧上心頭，躺在飯店的床上，Oliver 啜泣呢喃著妹妹、妹妹……聽得我心都碎了，我們一家人緊緊地抱在一起，跟 Oliver 一起哭一同回憶 Mina。我們聊好多以前的事，我知道要一個年僅九歲的孩子接受她最愛的妹妹已經不在了，是一件很殘忍的事情，但無奈事實就是如此殘忍，人生就是這樣，遇到了只能面對也不得不接受。

一路上，我都幻想著 Mina 仍然跟我們在一起，一起到處走走看看、一起吃飯、一起玩、一起笑、一起手牽手，開心地漫步在這個我們喜歡的國度裡；有時清醒過來發現一切只是幻想，那樣的當下，無論再怎麼美麗特別的奇景都無法令我歡心，無論再好吃的美食我都無法享受，心碎了、淚乾了，整個世界只剩下滿滿的悲痛。

甚至連路過人們的笑容都會帶給我們些許的沉重，奇怪，我們平時出國不是最愛看到當地人親切的微笑嗎？通常用燦爛的笑容回應不都是我們最擅長的嗎？但此刻的我竟然手足無措，笑不出來。

這一次的流浪中，我們都帶著 Mina 熊一起。在我們心裡牠就像是 Mina 的化身，代替了 Mina 陪伴在我們身邊。我們會在一大早帶著 Mina 熊去「洞爺湖國立公園」的美麗湖邊漫步，感受著早晨的寧靜，望著洞爺湖回想我們幸福的往事，那是我們此刻極需要的平靜。我們也帶著 Mina 熊去了北海道富良野，在美麗的薰衣草田，我跟 Oliver 都幫 Mina 熊拍了許多美麗的畫面，兩個人還很熱烈地討論拍攝角度與畫面。

在前往北海道號稱一生必去一次的絕景：美瑛、青池時，Oliver 依舊把 Mina 熊掛在胸前，就像姊姊抱著妹妹那般。我們一家人漫步在森林小徑裡，走著走著眼前出現了絕美的景色，帶點寶石綠又有點天空藍的湖面美到不行，從湖底長出了許多樹木穿越湖面向上生長，就像一座湖上森林。

我們靜靜地坐在湖邊感受美麗的湖上森林，吸收這美景帶給我們的能量，好希望這能量可以帶給我們力量，讓我們走出悲傷，讓好心情能儘快浮出水面。當下我告訴自己，我一定要讓這段「療傷旅程」更有意義更有效果才行。我相信最貼心，最愛爸爸、媽媽、姊姊的 Mina 一定也想看到我們的笑容。

Mina 熊陪伴我們到處流浪。

穿著 Mina 畫的衣服帶著 Mina 熊，
姊妹倆一起去她們最愛的動物園。

Oliver 和 Mina 很喜歡去動物園，所以我們幫姊妹倆安排很多動物園的行程，這次也沒有意外，安排了北海道最有名的旭川市「旭山動物園」。

去動物園的前一晚，我發現 Oliver 很期待地準備明天穿的衣服和整理 Mina 熊揹帶。她明天想穿的是印著 Mina 自畫像的 T 恤，那幅自畫像是 Mina 在第一次化療頭髮掉光後，拿著鏡子畫下自己充滿微笑的表情。那件衣服對我們一家人來說意義真的不一樣。看到 Oliver 決定穿這件衣服去動物園不禁讓我的心溫暖了起來，我知道她很想跟妹妹一起去，就算不行，至少在動物園時只要低下頭，就能看見妹妹，跟妹妹說說話。這一幕讓我好安慰，帶著微笑入夢期待著明天的到來。

隔天一大早就到了旭山動物園，又是個大太陽的好天氣，讓人心情更好。一整天 Oliver 抱著 Mina 熊，一起去看了北極熊、狼、企鵝、猴子、浣熊……等許多動物，Oliver 就像一個貼心的遊園導引員，每到一個景點都會細心地跟 Mina 熊解說。這天，久違的笑容在 Oliver 臉上閃耀著。

九天的北海道療傷旅程即將告一段落，我們漫步在小樽運河的周邊步道一起拍下一家人幸福的照片，在這張照片中，竟然發現我們最熟悉的 Mina 笑容出現在 Sammi 的膝蓋上。或許有人會覺得太牽強，但我們真的相信 Mina 一直陪在我們，而且用各種方法傳遞溫暖的訊號。

當下我想對 Mina 說，謝謝我的寶貝 Mina，我們都有收到也感受到妳貼心的訊息。妳一直以來的貼心給了爸媽很大的安慰和力量，這段期間我們因為懷念妳所以有許多的回憶一直浮現在腦中。我們會加油用微笑把妳放在心裡，天天用微笑繼續想念妳。我們一定做得到的！

在旅行的最後一天，我們一家人聚在一起談論著對 Mina 的想念和旅行的點點滴滴。這趟北海道之旅，一家人在大自然空曠、美麗景色的洗滌下，稍稍紓解了持續半年的緊繃和一直扛在心裡的壓力。雖然離放下悲傷，展開笑容，回到以往的生活仍然遙遠，但我們都覺得一直深鎖的眉頭終於有一點點放鬆的機會。比起待在熟悉的地方不斷難過回憶，出去看看外面的世界，能夠帶來新的能量，對撫平傷痛更有幫助。

Mina 的笑容出現在 Sammi 的膝蓋上真讓我們又驚又喜，
深深相信 Mina 一定一直用不同的方式陪在我們的身邊。

第二站：東京

聊著聊著我突然想到在 Mina 復發後準備開始治療前我們的對話，那時 Mina 帶著勇敢的表情對我說：「爸比我會加油，但我這次治療結束後，你一定要再帶我去迪士尼樂園喔。」

我告訴大家這件事，一家人頓時安靜了下來，也不知道這凝結的氣氛持續了多久，Sammi 突然打破沉默：「還是我們明天直飛東京，帶著 Mina 的期待，揹著 Mina 熊來完成 Mina 這個心願。」

緊接著 Sammi 便轉身拿起手機直接訂下了隔天的機票。

她沒有等大家的回應，因為 Mina 的心願就是大家想要完成的心願。

隔天，我們一家人真的出現在機場，準備搭飛機前往東京。準備去尋找屬於我們一家人和 Mina 在東京迪士尼樂園珍貴的回憶。這臨時決定的「延長療傷之旅」，我們用期待繼續向前進。

這是我們熟悉的味道。也是我們熟悉的街道。沒錯我們一家人又回到了我們最熟悉的城市，一個連 Oliver 和 Mina 都很習慣和喜愛的地方。我有一個想法，我想帶著

Sammi、Oliver、Mina 熊一起去找尋，我們一家人曾經美麗又開心的回憶。

東京迪士尼是這趟延長旅程最重要的目的，因為這裡曾經是 Mina 認真治療的精神寄託，也是兩姊妹共同最愛最懷念的地方。只是這次我們是帶著 Mina 熊來代替 Mina 完成這個旅程。

Oliver 不只一次說：「如果 Mina 能一起來該有多好，好想她陪我一起玩。」

我回答她說：「其實妹妹一定一直陪在我們身邊，照顧我們、保護妳。我們一樣在每個景點拍照，留下 Mina 熊和我們的紀錄，只要隨時心裡有想著妹妹，我們一定會有好心情的。」Oliver 點點頭。我相信她有聽進去，因為我看見了她的笑容，而且整天都帶著 Mina 熊到處拍照。

一整天的迪士尼樂園行真的無比充實。我看著 Oliver 抱著 Mina 熊拉著 Sammi 跑遍整個樂園所有的角落，還跟布魯托、黛西留下了珍貴的合照，當然壓軸的米老鼠雖然一樣大排長龍，但一定不可以放過的。

我很認真地向米老鼠介紹我的寶貝女兒 Oliver 還有我的二女兒 Mina 熊，比手畫腳認真地向牠說明 Mina 勇敢的故事，並留下讓人微笑和讓人欣慰的影像留念。

我心中默默地向 Mina 說：「寶貝，這是妳說過的，治療結束一定要帶妳來的迪士尼樂園，爸比沒有讓妳失望吧。謝謝妳帶給我們新的微笑，從今天起我也要讓妳一直看到我們新的笑容喔。」

一路待到迪士尼休園時間到了我們才帶著滿足慢慢走出園區。在走出園區的路上我聽到 Oliver 牽著 Sammi 的手開心地說：「媽咪，今天真的好開心喔。雖然我知道 Mina 真的離開我們了，但我們永遠都會想她、愛她對不對？我真的好想她，我會永遠把 Mina 放在我的心裡，不管幾年後我都不會忘記妹妹的。她永遠是我最愛的妹妹。」

2012 年一家人曾經一起在日本迪士尼，留下最美好的回憶。

2016 年，雖然 Mina 不在了，但 Oliver 說 Mina 永遠會是她心裡最棒也最愛的妹妹。

我知道 Sammi 沒說話是因為眼眶濕濕的，但此刻我們一家人的心都是暖的。最後幾天在東京的時光我們繼續去找尋我們曾經在一起的回憶，和留下新的印記，在這熟悉的國度找回我們曾經的快樂，並且創造新的微笑。

我們也開始計畫下一次旅程，不只是東京，而是到日本各地尋找每個 Mina 曾經留下過的足跡。

從北海道到東京，這十四天的「療傷之旅」帶給了我們許多心情的抒發，而且還很意外地完成了 Mina 小小的心願。雖然一路上有許多悲傷跟哭泣，但我們一家人感情更緊密了，而且我們已慢慢學會用微笑來想念 Mina，這就是個大大的進步。

用這樣的方式想念 Mina，她一定會看見，我保證。

5 兩次沖繩之旅

Sammi

第一次和 Mina 一起的沖繩之旅

二〇一三年十二月底，Mina 經歷了四百四十天如人間煉獄般艱辛的療程後，終於重生了。在治療的過程中 Mina 一直有個心願，就是希望一家人可以再一起出國旅行，療程中若有遇到不順利或不舒服時，我們總是會用治療好了就可以再一起出國玩的願望為她加油打氣，這也一直是 Mina 繼續勇敢的動力。

重生後，無論如何我們一定要帶著 Mina 到她想去的日本旅行，完成她的心願。由於擔心 Mina 的體力不足無法久走，於是我們選擇到沖繩自駕旅行，自己開車行動。

二〇一五年三月出發到沖繩。第一次在國外開車旅行我們都很興奮，孩子們更是迫不及待想立馬坐上車開啟這趟冒險。取車後我們一家人悠閒地開著出租車，享受著洋溢著沖繩風情的街景。

這趟旅程我們沒有刻意安排行程。白天的時候，一家人在美國村充滿異國風情的小店逛街、購物，姊妹們開心地穿梭在有如童話城堡般的建築物之間，在色彩繽紛的街區中拍照。

沿著北谷町海岸線有許多能欣賞日落的美式風格特色餐廳與咖啡廳，我們挑選了一家風格特色餐廳，一邊享用美味餐點，一邊看海發呆。

傍晚時分，我們一家人漫步在日落海灘，腳踩在橘黃夕陽照射下的白色細沙灘上，吹著微帶鹹味的海風，看著海上緩緩落下的夕陽，靜靜欣賞天海一色的海景，相當愜意。此時此刻，所有的煩惱與雜念都可以暫時拋到腦後。

回想 Mina 生病到治療那一年多，連回家都是一種奢侈了，更別說是出國旅行，與家人一同享受悠閒的時光。看著眼前的大海，多麼希望時間就停留在這一刻。

這次我們選擇的飯店（Vessel Hotel）與民宿（Coral Garden 7 Pools）都能看到海景，尤其是位於山坡上的民宿，無論是在客廳、廚房、陽臺、房間床上，甚至是在廁所泡澡都能看到美麗的無敵海景，晚上我們在清晰的海浪聲中入眠，早上醒來又可以欣賞到美麗的海景，在大海的撫慰下，過去一年加諸在我們一家人的傷口因而被療癒了。

來沖繩絕對不能錯過「美麗海水族館」，這是日本國內最南端的水族館，也是亞洲最大、世界前三大的水族館。我們安排一整天的時間，打算悠閒地陪伴孩子們一同探訪這座美麗的水族館、近距離接觸各種海洋生物。

館內擁有一座七千五百立方公尺的巨大水槽——黑潮之海，裡面有種類豐富的魚群，還有鬼蝠魟，以及世界上最大的魚：鯨鯊。成群的魚兒宛若萬花筒般絢爛，我們一家人站在充滿魄力的展示空間前，目不暇給地讚嘆這震撼人心的美景。

水族館周邊還有許多充滿特色的動物館，像是海龜館、海牛館。看著各類海龜、海牛緩慢悠哉地漫游著，說有多療癒就有多療癒。此外還有絕對不能錯過，孩子們最愛的海豚表演劇。

感恩上帝，讓 Mina 有一年半的重生時間，讓我們有機會更珍惜彼此，也給我們機會再一次全家人一起出國。沖繩漫遊的日子我們每天都很愉悅，姊妹倆每天都嘎嘎笑個不停，走路都是一起手牽手地跳躍著。她們都很喜歡沖繩，就算回國了也一直嚷嚷著要再來一次呢！謝謝療癒的沖繩讓我們全家留下幸福的回憶。

療癒的無敵海景與幸福的 SMOK 一家四口，是最美麗的風景。

第二次沖繩之旅，這次 Mina 沒有和我們一起

二〇一六年十月我們一家三訪沖繩，此刻的心境與第一次探訪大不相同。

Mina 離開後，我們很幸運有支持我們的家人在身邊，陪伴我們走過失去 Mina 的傷痛。家人們都知道 Mina 生前一直很喜歡和大家一起出門旅行，不管是去哪裡，只要一群人一起就會讓 Mina 很開心。大夥們為了紀念 Mina，也為了陪伴留下來的我們，於是特意安排時間一起去沖繩散散心，也陪著我們尋找與 Mina 共同的美好回憶。

離上一次到沖繩僅隔了一年七個月，但卻物是人非。沖繩一如以往充滿熱情，不一樣的是原本幸福快樂的一家四口剩下悲傷的一家三口。

家人們陪伴在身邊旅遊本來是一件熱鬧開心的事，但旅途中我還是會感到莫名的失落，有時看到家人朋友們帶著孩子一起玩樂的畫面，會讓我們想到如果 Mina 還在，也是這樣的開心活潑吧。因此時時在旅途中偷偷掉眼淚。

Vessel Hotel、Ashibinaa Outlet、美國村、國際通、名護鳳梨園、美麗海水族館……這些地方到處都有 Mina 的影子。我們一樣安排入住了 Vessel Hotel，欣賞同樣的無敵海景，也再次於國際通享用美味的沖繩料理，置身在這些看似美好的事物之中，我們應該要開心的，但這一切卻蒙上了一層淡淡的悲傷。

傍晚，我們一群人踩在日落海灘的白色細沙上、微微的風迎面吹來，我彷彿可以看到姊妹倆一起在沙灘玩沙、撿石頭，一起在繽紛彩繪的防波堤拍雜誌封面照，恍然回神後卻已是過往雲煙，這個畫面永遠不可能再出現了。

這些美好回憶只能深深地藏在我腦海底。

2015 年姊妹倆在繽紛彩繪的防波堤旁拍雜誌封面照。

2015 年姊妹倆在日落海灘旁嬉戲的模樣充滿回憶。

兩起驚魂事件

這趟旅程發生了兩個小插曲，都跟遺失 Mina 小物有關。

這次沖繩行我們依然沒有忘記帶著 Mina，除了隨身揹在身上的 Mina 熊，我們還帶了 Mina 喜歡的包包，還有用她的照片製作的枕頭抱枕，就像 Mina 隨時都在身邊陪伴著我們一樣。

離開國際通的途中，Oliver 突然很緊張地跟我說：「包包不見了！那是 Mina 生前最喜歡的米妮包包，Oliver 著急到快哭了。

我們也跟著心急如焚地沿路往回走到剛剛去過的每個地方、每個角落，卻一直找不到。就在我們失望透頂幾乎快放棄的時候，突然有一個熱心的沖繩人問我們是不是在找包包？並且指引我們到市場裡二樓的警衛室，終於找到了 Mina 的包包！

原來是熱心人士撿到包包將它送到派出所了，還好經過一番波折後終於尋回。看到包包那一瞬間 Oliver 不禁眼眶泛淚，失而復得讓 Oliver 如釋重負。

第二次則是發生在離開 Vessel Hotel 後，我們往位於北部的海景飯店移動。到了飯店整理行李準備要睡覺時發現，Oliver 平常抱著入睡的 Mina 娃娃（印著 Mina 人像的抱枕）怎麼不見了？

此時又再度讓我們全家人又急又慌，在哪裡不見了？不見了怎麼辦？怎麼可以讓印有 Mina 照片的抱枕遺失在國外！

我告訴自己靜下心來想想沿途可能遺忘的地方，仔細回想後其實一路上我們都沒有拿出來，所以最有可能是掉在前一個飯店裡。於是趕緊打電話到 Vessel Hotel 詢問，最後終於確定是遺忘在飯店了。原來是前一晚 Oliver 睡覺時抱 Mina 娃娃一起入睡，起床時 Mina 娃娃被捲在被子裡，導致退房收行李時沒有注意到。

聽到這個消息我們才卸下心中的大石頭。雖然此時天色已晚，但不管如何我們夫妻倆仍堅持立馬開車趕回 Vessel Hotel 把 Mina 娃娃帶回家。

其實平常我們旅行時幾乎沒有發生過掉東西的烏龍事件，更別說一天之中竟然連兩次，而且都是跟 Mina 相關的物品令我覺得特別不可思議。也許真的是巧合，但我更相信，Mina 想用這樣的方式讓我們知道，她一直都在我們身邊，提醒著我們不能忘了她，最後也幫我們找到遺失的物品，不然我們可能會內疚一輩子呢。

到警察局找回 Mina 最愛的包包。

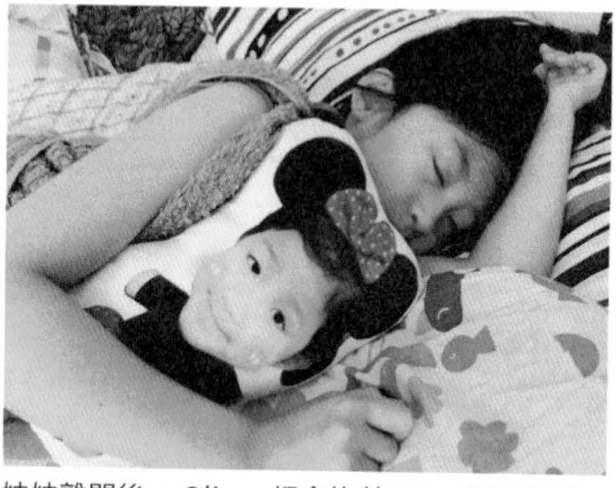
妹妹離開後，Oliver 都會抱著 Mina 娃娃入睡。

我在心裡默默跟 Mina 說：「妳會永遠在我們心裡，我們永遠都不會忘記的！」我們一家人曾經無憂無慮地盡情享受沖繩的美好；但當我們充滿悲傷時，沖繩也用它的活力療癒我們的身心。

這趟療癒之旅，其實一開始因為內心充斥著悲傷，我們無法打開心胸享受沖繩的美好，不論是無敵海景、異國美食、熱情島民、悠哉步調……都覺得索然無味，提不起勁。但很慶幸有家人們的陪伴，他們的擔憂與關懷，讓我在心裡默默跟自己說，不可以再這樣下去了，我們必須改變現在的低潮。

真的很感謝如家人般的朋友們和我最親愛的家人，這一路上有你們的陪伴真好，謝謝你們在我們最失落無助的時候，陪著我們走過那段最黑暗的時期。

我深信我們跟 Mina 一起走過的足跡不會改變。沖繩烙印著我們一家人最幸福的時光，它是我們充滿回憶的美好島嶼，這些美好我們會永遠眷戀、永遠想念。

如果悲傷無法被改變，那就要想辦法用新的幸福把悲傷包住，然後繼續勇敢前進！

感謝我們的家人陪伴我們一起流浪沖繩，尋找美好的回憶。

好多人說我們的小店是一間
「幸福能量轉運站」。

PART 3

收藏遺憾，
當別人的
幸福能量轉運站

1 幸福，從小花園開始——SMOK cafe 第一站

Kenny

二〇〇五年前，我們在日本旅遊時，意外發現了「服飾結合咖啡甜點的店」，這樣的商店模式讓我們印象深刻，畫面一直深深刻在我們夫妻心裡。

只是日本有些複合式的咖啡服飾店有點冷漠，客人進門沒有人來招呼，只能自己點餐、自己付費、自顧自地聊天，總覺得少了一點溫度和關懷的微笑。

我們想注入「屬於我們一家人的溫度」，用有微笑有關懷的方式來呈現屬於我們自己的小小王國，開一間有愛的咖啡甜點服飾小店。

這個夢想我們用了九年去計畫、準備，並落實執行。雖然準備的時間有點長，但一切按照我們預定的計畫在走。也許走得慢，但我們就是一步一步地做好準備，一直在前進。

二〇一四年九月，終於盼到這一天的到來。我們完成我們十五年前的計畫，咖啡結合服飾店的「幸福童漾 S．M．O．K cafe & shop」終於實現。

我們原本在舊店面經營童裝雜貨女裝生意，後來業績蒸蒸日上，成績越來越好，當時不到十坪的店面顯得狹小，慢慢不夠我們使用，因為服飾店需要囤積大量的庫存。再加上租約到期，不得已必須搬遷，我們必須尋找更大的空間，才能配合營運上的需求。

要從專賣童裝、雜貨、女裝、親子裝的服飾小店，轉為咖啡甜點結合服飾的「複合式商店」，是一個很大的「改變」。我們確實有點擔心，更何況我們是在營業額最好，越來越知名的時候轉型，這真的需要很大的勇氣。

但只要一家人能陪伴在身邊，大家一起拚，我們真的什麼都不害怕。當時 Mina 已結束一年多的療程，身體逐漸恢復穩定，我們都相信這一年的辛苦是上帝給我們的彩虹，當我們完成艱難的挑戰，一家人又可以相聚在一起面對美麗的未來。

感謝上帝讓我們能無後顧之憂地繼續向前衝。

因為草屯真的不大，所以我們平時都是騎著機車到處找尋新的落腳處，但怎麼找就是找不著讓我們滿意，也符合我們需求的新店面。其實也難怪，我們一家人曾一起討論對於新店面的需求，Oliver 說：「要有鞦韆。」Mina 說：「店前面要有一個小花園讓我跟姊姊玩扮家家酒。」Sammi 說：「因為 Mina 生病的關係，所以我想要有一塊小土地能自己種點菜和蔬果，讓 Mina 和我們一家人都能吃得安心又健康。」謝謝 Sammi 總是先想到我們一家人，而我的需求當然就是要滿足一家人的要求。討論到最後，我們還徒手畫了一張一家人夢想中的小店面。

全家人一起討論畫出夢想店面的小小草圖。

綜合了大家的需求後，我看著我們畫的小草圖。想要找到這樣的理想店面還真的很不容易呢！實在沒把握可以找得到啊。但就算機會渺茫，我們還是硬著頭皮把整個草屯翻了一遍，就是想要找到最接近夢想的店面。

日子一天天的過去了，眼看著舊店面租約的到期日也慢慢接近了，我們還是苦尋不到我們「要求有點高」的理想新店面。突然有一天我靈機一動，不如我來搜尋租屋賣屋網，或許會有驚喜也不一定。說也奇怪，就在我跟 Sammi 提出可以看看租屋網的這一天，竟然就出現一間符合我們需求的店面。

前幾天明明都沒有搜尋到合適的，怎麼今天就突然跑出來了？經過詢問，屋主是住在臺北的先生，偶而才回來草屯看兩個姊姊和媽媽留下來的老房子，他昨天才將出租資訊刊登在網路上。嗯，我們都相信這肯定是上帝最好的安排。

這間房子或許沒有到我們最滿意的樣子，但接近理想邊緣了。最重要的是店面正後方有一塊小小的後花園，它不但滿足了 Oliver 想要盪鞦韆的願望，也滿足了 Mina 想要有小小的花園來玩扮家家酒，更滿足了 Sammi 的需求，這裡可以打造出屬於我們的幸福小開心農場。以後就能種出不灑農藥，讓我們一家人吃得健康安心的天然蔬果耶！

雖然這間房子還有許多需要改造的地方，但後面那塊小花園，滿足了我最想看到的——一家人歡喜和開心的笑容，這就是我們決定在這裡扎根的主要原因吧。我和Sammi眼神交會了一下，彼此都在心裡確認，今後就在這裡努力了。

我們決定放手一搏，把畢生所有的積蓄全部投入，從鎮上最繁華的地段搬離，轉到一個車流量少、人潮更少的地段開業。我們一家人笑著面對新的店面、新的未來。

整個改造裝潢期花了兩個月的時間，從自己畫陽春的不專業設計圖開始，每天陪著水電工、木工、油漆工一起上工，自己動手親自參與，共同打造我們新的小王國。

當然我們最重視的就是店後面那塊小小的花園，我們和岳父岳母一起把它打造成屬於一家人的開心農場，親家爸媽每天都和我們一起種植，施肥、澆水、翻土，忙碌得不亦樂乎，家裡兩個小公主則每天都在小花園裡奔跑玩耍，簡直就是把這片開心農場當作自己的祕密基地了。

新的店面（草屯勝和街）按照我們多年前的計畫分成兩邊，左邊是童裝、女裝、雜貨、親子裝，更加入了我們親手繪製的文創商品；右邊則是結合了咖啡、甜點、早午餐、定食、輕食的咖啡店。

我們在二〇〇五年許下的夢想計畫，經過多年的準備和執行，最後終於能實現。感謝兩個寶貝給我們力量，也很感謝當時的夥伴 Judy 盡全力相挺的幫忙，才能讓我們美夢成真。這是我們一家人夢想中的「愛的小小王國」，這小王國的愛無比巨大。

雖然從草屯的鬧區搬到人潮較少的區域，或許大多數的人都不看好。但我們一直在我們認為對的路上堅持努力著。新的店面最後能屢創佳績更讓我們充滿欣慰。有許多人恭喜我們，特別是關注我們很久的粉絲朋友們，「看到你們圓夢真的好替你們開心呀！」這是我們最常聽到的話，畢竟花了十幾年一步一步走來，許許多多的酸甜苦澀歷歷在目。好開心，我們一家人終於能走到這一步，雖然好緩慢，但最後也克服了各種困難，再次站穩腳步。

所以每當大家問：「你們為什麼要搬來這沒人潮的地點？」我都會回答：「重點是我相信，我們有自信！」每當說到這些，我引以為傲的小眼睛總是能張得很大，而且放出閃閃的光芒呢。

只是沒想到，四年後「計畫永遠趕不上變化」的事，又再次發生在我們身上。

岳父岳母幫忙開闢的開心農場。

後花園是兩姊妹的祕密基地。

一家人手牽手，一起築起這個屬於我們自己的幸福小王國。
2014 年 9 月 28 日「S·M·O·K cafe & shop」

2 夢想中的五十二年老宅

—— SMOK cafe 第二站

Kenny

我們在南投草屯勝和街的夢想店面努力了四年左右。

這四年裡有歡笑有幸福也有悲傷和痛苦，更在這裡遭遇了世上最痛的痛。

這裡是我們圓夢的小小王國，它曾是 Mina 和 Oliver 最棒的祕密基地，Mina 重生後，在這裡度過將近兩年的快樂時光。她在後花園扮家家酒、野餐、露營、玩躲貓貓，也和我們一起種菜、施肥、採收。一家人就這樣，過著小小的幸福生活。

二〇一八年五月，一個令人失望的消息突然降臨，打亂了我們所有的計畫。位於勝和街店面的房東決定提高我們的房租，而且一次提高兩成以上。其實這四年裡，我們一直很感恩也很珍惜房東讓我們有機會在這裡圓夢，只是每個月多兩成以上的房租，真的是筆不小的負擔。做生意必須對每筆支出斤斤計較，每個支出的計畫都必須有「錢花在刀口上」的決心，才能在競爭激烈的餐飲市場存活。

其實創業這十幾年來，我跟 Sammi 持續趁著休假空閒時間到處去找房子，而且必須是老房子才行。臺中、霧峰、中興新村、南投市，甚至到日本，沖繩流浪旅行時，都還不忘去看看房子呢。我跟 Sammi 都說，老了要在沖繩開間我們的分店。在臺中和中興新村有好幾次相中了喜歡的店面，可惜最後不是房屋價格高到令人卻步，不然就是房子地目無法變更或是產權有問題。期待總是一再落空。

這次「意外的驚恐」，我們必須加快找房子的速度。

不管是租房子還是買房子都有了時間壓力，急迫的壓力促使著我們加緊腳步多看多找多比較。因為這次的危機近在眼前，必須趕緊找出解決的方案才行。經過多次和房東溝通協調，不管是動之以情還是用比較強硬的方式，都無法與房東達成共識，我們只能默默提醒自己，要撥出更多時間，去尋找我們下一個新據點。

就這樣一個月過去了，依然苦尋不到新的地點。失落的我們在心裡問自己，難道這是上帝的安排嗎？是不是上帝要我們接受房東的要求繼續留在原地？

這或許就是最好的安排了。於是我們決定，等一兩個禮拜，房東從臺北回來草屯時，就咬緊牙根，簽下續約的合約，繼續朝我們的目標前進，只是這一等竟然又過了一個月。「危機就是轉機，危機發生時反而會出現一個新的契機」，這句廣為流傳的勵志格言，就這樣活生生地在我們眼前發生了。

本來最多兩個禮拜會回草屯一次的房東，不知道什麼事耽擱了遲遲沒有回來。本來處於放棄尋找新房子，想和房東續約的我們，在一個沒安排行程的休假日下午，Sammi意外翻出兩個禮拜前的一則簡訊，那是一則房仲傳來的老房子帶看的訊息。也許是因為這一個月看了太多次房子，卻只換來太多次的失望與滿滿的無力感，所以兩個禮拜前的這一則簡訊，當初我們選擇「已讀不回」來忽略它。

當時對再次看房極度排斥的我，不知道哪根筋不對，聽到Sammi的敘述後回應：「反正剛好沒事來看看吧。」

這位房仲是我們在一年前接觸的，當時告知房仲，如果有老屋的案件，請一定要通知我們，那一年完全沒有任何聯絡，突然這時候有案件，這一切也許是上天的安排。當時我的回應也著實嚇到了Sammi，據她說聽到我的回答後，她還再次確認自己有沒有聽錯？畢竟我們已經決定和房東重新續約了。Sammi想了一下說：「說不定會是我們想要的房子，看看也無妨！」於是當下就回覆簡訊，並約了房仲直接赴約。

很多事情就是這樣，一急就什麼都沒有，但試著把著急的心放下後，反而會有更多的好消息出現。也許緣分就是這樣，是你的就是你的，誰也搶不走；不是你的怎麼強求都不會屬於你！

這個決定，讓美好的事就這樣發生了。

這個決定更讓所有的決定完全都不一樣了。

我們夢想中的老宅：「有花園、有陽臺、約三十坪大、兩層樓的日式小洋房，房屋價格在我們能力可以負擔的範圍內」。這完全符合我們許願中老宅的樣子！

雖然我很愛老房子，但當時這間老宅屋齡有五十二年，所以它還帶了點恐怖和髒亂。老屋將近十年沒有人住，所以屋況真的很不好，幽暗的燈光下，幾件被留下，沒整理的老家具、老廚具，看起來分外陳舊破敗；滿滿的壁癌不說，地上處處有積水，小動物、小昆蟲突然出現也見怪不怪；最讓人無法接受的是，一整間的霉味和潮濕的空氣真的讓人很不舒服，在屋裡待五分鐘就會感到全身發癢，想趕緊奪門而出，衝出去呼吸新鮮的空氣。這敘述真的一點都不誇張呢！

第一次踏入這間房子，後悔的想法不禁湧現。畢竟這兩個月找房子太辛苦，也多次的希望落空，心想又來了，早就知道一定又會是這樣。

但這間老屋雖然因為長久沒人居住變得陰森不舒服，但仍有讓人驚豔的地方，老房子的正中間右邊有一個好美的天井。帶看當天是個豔陽天，烈陽會讓人眼睛無法睜開的那種。日正當中的陽光正巧透過天井灑在牆邊延伸至地面，真的好美。站在天井向上仰望，讓陽光灑在身上，讓我們有種充滿希望的感覺。不只我有這樣的感覺，Sammi 也有一樣的感受。

但這種感覺馬上被滿滿的霉味蓋過，只想趕快出去呼吸新鮮空氣，不到半個小時就草草結束了這個帶看的行程。當然，我們沒有留下很好的印象。

當晚我和 Sammi 靜下心來交換心得，認真回想仔細溝通討論。

我們都覺得這間老房子的屋況真的很糟，但老房子的格局卻是我們喜歡的，外表看起來小小的老房子，沒想到內部又深又長；或許裡面的霉味讓人難受，但卻又忘不了陽光充足的天井給人滿滿希望的感受。而壁癌、到處的發霉、老電線、舊水管、殘破的屋頂、原有的夾板隔間……這些都可以改裝更新。我們該把握這次的機會嗎？

過幾天我們就安排了第二次看屋，這次約了上午，來感受老屋在不同時段的氛圍。不同氣候也是看屋的一大重點，有時候看到外面開始變天、準備下雨，也要趕緊約一下；雖然下雨天看屋和我想的一樣，外面下大雨，裡面下小雨，還有瀑布呢。

經過了幾次的看屋，我竟然越來越喜歡這間五十二年老宅了。每看一次都有不一樣的想法和計畫，哪裡怎麼改建、哪裡怎麼拆，這藍圖不斷地在我腦中出現。

就在準備決定的前夕，我們帶爸媽去看了老屋，路上我還幻想著，或許爸媽會給我們意想不到的支持和意見。結果不出我所料，爸媽在老屋裡待不滿五分鐘就相繼「奪門而出」。爸爸根本還來不及上二樓，就因為呼吸困難想離開，媽媽更是一直搖頭還跟我們使眼色，想讓我們打消在這裡開店的念頭。但我們卻不想放棄，反而一直向爸媽解釋我們的想法，和表達我們想要怎麼改裝的規畫。現在回想，我們的行為早就已經表現出要買下這間房子的決心。

也許買下這間老宅，對我們的經濟狀況來說剛開始會有點壓力，但我相信有壓力才會使人成長！而且創業以來租店面近十年的我們，終於可以擁有屬於自己的店面，從此不用再因為房東的問題而遷移，這對我們來說真的是很正確的決定！

事情演變得很快，接下來一連串簽約、貸款、交屋，回絕舊房東後，我們已經做好準備接受這一個大挑戰了。

3 五十二年老宅新生命——SMOK cafe 第二站

Kenny

「五十二年老宅的翻新」我們準備親手設計、自己動手並全力以赴。

從二〇一八年六月開始，我們計畫用半年的時間來完成所有的老屋翻新工程。這肯定是一個龐大又困難的挑戰，但我們絕對禁得起挑戰，因為我們已經做了好多年的準備了。

我們在前一個店面已有配合得很好的工班師傅，算是老班底了，所以很快就約好工班準備著手改造工程。初次造訪老宅，所有的師傅都不禁異口同聲地表示：「這房子也太久沒住人了！」因為屋況真的很不好，對師傅們來說施工難度真的不小，但他們可以接受這挑戰，只是要半年內完成真的難度很高。

老房子又深又長加上將近十年沒人居住，也沒有通風和陽光照射，所以大部分的牆面都布滿壁癌，必須把牆壁表面全部打掉，打到見磚，重新上水泥。屋頂也因為年久失修會漏水，五十年的電線老舊和排水管孔徑太小必須全部淘汰……

我們的預算有限，無法請龐大的工程團隊，所以我們夫妻倆全程一起動工、一起努力；也因為預算不多，所以我們儘可能自己找材料，以節省許多不必要的開銷。自己安排工程進度、自己調度工程進場時間，這讓我們省許多。

雖然師傅們請我們要有心理準備無法如期完成，但我們知道這真的難不倒我們。我們並沒有老屋翻新的經驗，但我們有手機 Google，就這樣 Sammi 和我一個勤勞地上網爬文、蒐集列印資料，一個每天黏在施工師傅旁，身體力行地一起動工。和工人師傅們一起上班，跟著工人師傅們一同下班，每天忙得不亦樂乎，雖然累卻也怡然自得呢。

老木頭梁柱

我們先將二樓的木板隔間以及衣櫃全部拆除，當初因為有太多隔間、木櫃的關係導致二樓的光線嚴重不足。沒想到拆除後不只光線進來，連空間都變大了不少，真的很喜歡大空間的感覺。

再來是拆除隔間的天花板。老舊的屋頂有漏水的狀況，所以導致隔間天花板撐不住積水的重量而下陷，下陷之處不但有一大片發霉，還隨時會崩塌一樣讓人擔心。

沒想到拆除天花板後，出現了令人驚喜的景象，老房子的屋頂竟然有像早期日據時代會看到的那種巨大的老木頭梁柱。這對深愛老房子的我來說真是意外的驚喜，我們完全沒有料到會出現這樣的格局。這充滿復古情懷的景象頓時讓我和 Sammi 興奮好久，連木工師傅都一邊拆除一邊點頭稱讚，直說真的好美啊。

老宅整修時，我們和工班一起努力完成了許多的不可能！

拆除天花板後露出的老梁柱是老房子的驚喜。

老房子的靈魂——天井

當初這間老房子最吸引我們的天井，是上一世紀人們設計房子的創意，因為房子又長又深，為了採光，所以在房子中段處開出天井。和前屋主聊過得知，這天井當初是用來養魚的；天井打通屋頂，陽光可從二樓照射到一樓為整個屋子帶來光線，因為要養魚，所以當初的天井並沒有加蓋，這樣下雨天雨水就會從屋頂直接落到天井下的魚缸裡。天井下則另外挖有一條水溝，連接著排水管將落下的雨水排到屋外，這樣也更方便換水清理魚缸。

嚴格來說天井這空間就是戶外，天井和室內隔著一片很大的落地窗和邊緣小牆，清楚地把室內和戶外分開。原先我是想打造成一個小小的室內景觀綠地造景，但最後因為空間不夠而作罷。最終決定把落地窗和小邊牆全部打掉，把天井用強化玻璃蓋上，並鋪上西班牙進口仿舊復古老花磚，成為一個能夠感受到陽光溫暖的室內空間。這個範圍是整間老房子最重要的靈魂區域。

親手繪製彩虹

整個工程辛苦了四個多月了，重點工程告一段落後，接下來是最期待的油漆工程。因為之前每天在幽暗、髒亂、髒空氣之中工作著，很期待老屋能趕緊蛻變成乾淨且明亮舒適的空間，我們選擇將整棟老房子漆上亮白的顏色，漆上油漆後整個房子瞬間煥然一新。

油漆工程的最後一步是在店面旁的網美牆上自己手繪彩虹，這個重責大任可不能交給油漆師傅，必須自己動手畫才有意義。

雖然這對一直以來經常在手繪插畫的我來說並不是一件難事，也是我一直幻想的步驟，但要正式執行這個任務時，還真有點緊張呢！畢竟網美牆上的油漆手繪可是無法擦掉重來，再加上這是我們的門面絕不允許有任何閃失，必須一筆到底不可出錯才行。我戰戰兢兢地下筆，還好一切擔心都是多餘的，多年累積的繪畫功力終於派上用場，一筆到底順利完成。最後還請 Sammi 親手留下：

Positive Energy Of SMOK since 2009（SMOK 的正面能量，創立於２００９年）。

真心希望這個用心手繪的彩虹和給人勇氣的標語，可以帶給更多人希望和力量。

天井翻新前，是用鋁窗隔出來的室外區域。

這是這個光～天井的這道曙光
讓我們看到無限希望與能量。

砌上從西班牙空運來臺的復古花磚，翻新的天井空間無敵療癒。

我們夫妻一起動手完成的網美牆。

小小庭院

整個老屋翻新工程的最後一步就是我們的小小庭院了。一直都很希望我們的店前面有一塊小小的庭院，不管是用來種植無農藥蔬果或是庭園造景，都是我們的理想和希望。之前舊店面後院的開心農場就讓我們愛不釋手，也讓姊妹倆度過一段開心的時光，是我們美麗和溫暖的回憶。

老屋的小庭院雖然面積不大，卻是我們很重視的空間，有了這個小庭院，才會是我們夢想中咖啡店的樣子。這次整修，當然也要邀請我們御用的園藝師傅岳父岳母出馬，專業的岳父岳母從翻土補土填土，到鋪上一塊塊的草地一點都不馬虎，當然我們也是全程陪著一起設計、一起打造我們最有溫度的小小花園。

想當初岳父岳母強烈不希望我們買下這裡，之後將我們一路的努力看在眼裡，到這半年幾乎天天陪著我們施工，給我們意見和鼓勵。從以前的反對到最後的改觀，甚至驕傲地到處向親友們介紹我們的努力和堅持，這給了我們很大的力量。也謝謝岳父岳母對我們的關心和幫助，讓我們一起用愛築起屬於我們一家人最棒，也是最溫暖的小王國。這座小小的花園充滿著家人們對我們的愛。

老屋翻新工程就在許多的用心和愛的支持之下，順利在半年內完成了。

就在完成的那個傍晚，我站在小花園望著天空，彷彿看見 Mina 正在對著我們微笑。那個笑容就是我們最熟悉的她，那充滿力量的笑聲更在我們耳邊迴盪著。我相信 Mina 肯定會以爸比、媽咪、姊姊為榮，而且一直支持也保護著我們一家人。我們也因為有 Mina 的愛，所以有力量去戰勝並克服這半年所遇到的所有困難和挑戰。然而接下來，我們要把我們對 Mina 的思念全部轉化成動力，在我們最愛的工作上努力展現。我要每每抬頭仰望時，就可以看到在天上的 Mina 永遠以我們為榮，永遠對我們微笑。

老宅整修影片

老宅開幕大合照！

2018 年 12 月 24 日 SMOK cafe 老宅全新亮相！

4 幸福能量轉運站——SMOK cafe

Kenny

好多人說我們的小店是一間「幸福能量轉運站」。

許多朋友都希望可以藉由來到這間小店補充正能量。在這裡，除了分享自己的故事，我們也很樂意聆聽客人朋友們的故事，並轉化成正能量再分享出去，這是一個「善的循環」，我們相信這樣會讓幸福持續傳遞下去。

我們就像是幸福的傳教士，將別人的幸福消化、吸收後，再分享給大家，目標只有一個，就是讓身邊所有人都幸福。

這幾年聆聽了好多客人們的故事，有開心，當然也有許多不捨，也因此領悟到——**生命中有好有壞，而這就是人生啊。**

自從將我們的故事分享出去後，陸陸續續有許多媒體前來採訪報導。我們珍惜也感恩，因為媒體的報導，我們的故事被更多人知道，進而鼓勵到許多需要幫助的人。我們的力量雖然微小，但透過不斷地幸福轉運，收到的回應好大，大到連我們自己也嚇了一跳！

臉書常常收到客人或是國內外網友的私訊，內容有感謝，也有他們受到鼓舞而重新振作的好消息。很高興我們的故事能讓其他人重新思考、修復，並給予他們重新站起來的力量。

雖然痛失愛女讓我們一度愁雲慘霧，但我們並沒有一直沉溺在哀傷的情緒之中，只要一想到有人因為這個故事找回生活動力，受傷的心靈就能得到撫慰，這更堅定我們的信念，讓我們知道對的事必須堅持繼續下去。

每到深夜，總會讓人有許多感觸，也常會觸動一些情緒，讓人想起過往。

那段時間裡，到了夜晚，常常會收到幾封私訊。那是和我們有同樣境遇的家庭，傳訊息詢問我們是怎麼面對突如其來的傷痛？是怎麼在巨變後迅速站起、找回力量？為什麼即便面臨如此遭遇，還能堅強以對？

每當收到這樣的訊息，我都會將心比心地與對方交流，我會花一整個晚上的時間和他們訊息來往，很認真地給予意見，但又要小心，避免觸碰到未癒合的傷口，許多時候，我並不是給一個答案，而是給他們一點勇氣與力量！

而每當收到感謝的私訊時，我們都很開心，沒想到我們的經驗可以幫助到他人。這樣的過程讓我們發現，也許個人微不足道，但即便力量再微小，也可以幫助到別人。**我堅信，只要真心付出，再小的力量，也能凝聚驚人的力量。**

只要一句謝謝，就可以讓我們一整天都有好心情。雖然之中有很多令人難過的訊息，有些特別令人印象深刻，但不管是開心的或是難過的，我們都必須消化吸收，再轉換成微笑，回應給他人！這是我們可以做到的，也是我們很樂意為他人做的事。

這裡跟大家分享一個店裡發生的溫暖小故事：

有一天粉專收到一則私訊，是一位大姐傳來，她告訴我們，她的妹妹是一位癌末病患，抗癌過程很艱辛，因為長期關注我們的粉絲專頁，時常被我們傳遞的訊息給鼓舞，或許妹妹知道自己的時間不多了，她希望在離開前，能來我們店裡走走，親身感受這股正面力量……

看完這封訊息，我們夫妻倆短暫沉默後，很有默契地說出一樣的話：「**盡我們的力量一起給她最溫暖的微笑吧！**」

於是，我們馬上回訊：「當然歡迎！請問有什麼需要特別注意的嗎？」

即便我們夫妻對於照顧患者很有經驗，但還是希望能更貼近對方的需要。

大姐馬上回我：「不用喔，不需要特別招呼我們！我們想在最後陪妹妹去任何她想去的地方，而妹妹說一定要來你們店看看，只要幫我們安排一個比較隱密的位子就好。」

約定的那天，我們看到車子停在門口，急忙放下手邊的工作前往迎接。大姐推著坐在輪椅上的妹妹進來，雖然妹妹戴著帽子與口罩，但我們從她的眼神就能感受到，隱藏在口罩下的表情充滿了陽光和微笑，那是自然散發出來的喜悅和開心。

我親自將大姐和妹妹帶位到店裡最大也最隱密的沙發區，並且詳細介紹我們的天然無添加物餐點，讓她們可以更放心地享用。我隨時關心和注意她們的狀況，這樣有任何需要才能在第一時間給予服務，直到看到她們整個用餐過程都維持著開心的笑容，這才讓我們稍稍卸下擔心和緊張的心情。

送餐前我們在餐點的盤子上寫下「加油！正能量」，並將餐點送上桌。原本笑容滿面的妹妹，看到餐盤上寫的文字突然淚留滿面。

當場我們都愣住了，一時不知該如何回應，但我懂，那個眼淚一定是五味雜陳的，所有的情緒全化成眼淚蒸發，所以我們選擇用微笑回應。

接著妹妹說了一句：「謝謝你們，謝謝你們的用心，給了我很大的力量……」這句話雖然簡短，卻立刻溫暖了當時凝結的氣氛，我們夫妻倆不爭氣的眼眶泛淚，只能用眼神和笑容回應：「希望能給妳好心情哦！」

看著她們滿足地吃著我們的幸福餐點，那個畫面，我真的一輩子都無法忘記啊！

我們在餐點上寫上「加油！正能量！」希望真的能為對方帶來能量。

兩姐妹離開店前，我們擁抱了她們一下，這是祝福的擁抱。

收完輪椅把妹妹帶上車後，大姐特別再走到我們面前說了一聲謝謝。她說：「我之前不懂，為什麼我妹一直跟我要求，她好想來這裡，就算阻止她，她還是一直提說要來。現在，我終於知道為什麼了。」

我們目送著她們的車子慢慢駛離，妹妹回頭過來向我們微笑並揮手道別。

謝謝你們，也謝謝我們。用祝福踏上歸途。我們沒有留下對方的聯絡方式，後來也都沒有任何妹妹和大姐的消息了。

這樣的互動方式，不斷在我們的小店上演。只要我們的店還在，只要我們能力所及，我們會持續用微笑和愛，給需要的人一個大大的擁抱。而這小小力量，也會透過不斷循環，持續傳遞下去。

或許是因為我們曾經歷失去家人的傷痛，所以我們比其他人都珍惜身邊的所有人事物，也更會設身處地替他人著想，這也讓我們夫妻養成想為他人盡一點心力的「習慣」。

人活著就是要快樂，因為只有快樂才能面帶微笑，而微笑才是世界共通的語言。「幸福能量轉運站」會一直一直讓快樂的能量循環下去。

5 SMOK愛的能量小故事

——專程前來幸福轉運站的正能量們

Sammi

重生滿月：尋找有意義的SMOK蛋糕

度過此次關卡就像自己重生滿月一樣……

二〇二一年五月，最忙碌的母親節過後，我們收到了一位客人的私訊。

闆娘妳好：

最近我一直在尋找有意義的蛋糕。

昨天在臉書上看到朋友訂購妳們家的母親節蛋糕，特別的推薦，對於妳們的用心很感動，身為草屯人，很想與同事們一起分享妳們的用心，想跟妳訂購五個「幸福拼盤」。

由於上個月身體突然發現一些問題，我臨時動了一個不小的手術——肺葉切除手術，手術前在腫瘤好壞情況不明之下，我與國小的孩子跟家人道別，手術後為了怕肺泡萎縮，不到十二小時，我已經強迫自己下床走路七千步，再來每天都讓自己走一萬步（約七公里），就是想趕快恢復健康，可以再次陪伴在家人身邊。經過一個月的努力與堅持，我終於恢復可以上班了，深深覺得度過此次關卡就像自己重生滿月一樣。

這段日子以來我很珍惜每一天，我想感謝前一段時間協助我的同事與一路陪伴我的家人，想跟他們分享自己重生的喜悅，真的很開心找到你們！

在這個充滿意義的日子裡，我想要與同事們分享你們家的蛋糕。

你們的故事讓我非常感動，更感動的是你們的用心、善良及溫度，在這疫情混亂的時候，看到這樣的溫暖真的很棒！

看完這位客人的分享，我眼眶泛淚，我想唯有自己親身經歷過，才更能體會生命的可貴，相信一切都是神的安排讓我們相識。

無論是自己或是家人生病，遇到這樣的事，要堅強勇敢真的很不容易，但唯有保持正向思考，才能將悲傷化為繼續前進的能量，甚至透過努力，帶給別人更多的力量。這是我們成立ＳＭＯＫ cafe的初衷，這份初衷，從我們創業至今十三年來（二〇二二年），為我們帶來許多溫暖、超越金錢價值的回報。

感謝客人對我們的信任，讓我們一切的努力都是有意義的。

偉大樂觀的母親——勛媽

絕大部分的母親，一定選擇不離不棄地陪伴在孩子身邊

記得我們和勛媽第一次見面是在麥當勞叔叔之家，但一直都僅是點頭之交。我們並沒有特別交談也互不相識，直到有一天，她特地帶著她的孩子來我們店裡。那是我們第一次聊天，竟然就聊了四～五個小時，無止境地聊病童家庭的辛酸血淚，聊彼此孩子的治療過程……我們的苦、我們的痛，一般人甚至是家人都未必能了解，也許只有經歷過的人才能感同身受，相同的境遇，讓我們心靈相通，想法契合，就好像認識很久的朋友一樣。

Mina從發病、治療到離開大約四年，那四年的時間，我們承受無比壓力，內心的煎熬猶如人間煉獄，真的非常辛苦。但在和勛媽深聊後才讓我們知道，比我們辛苦的人還有很多很多，勛媽更是其中之一。瞬間覺得自己經歷的根本微不足道，反而覺得我們某方面還算是幸福的。

雖然面對孩子的疾病很悲痛，但至少我們夫妻倆可以一起面對、一起分擔，但單

親的勛媽不管孩子有什麼狀況都只能自己單獨面對，同樣身為母親，我真的很敬佩她，覺得她好勇敢、好堅強也好偉大。

勛出生兩個月後就發病了，且確診為惡性組織球增生症，從兩個月開始治療一直到四歲多才結束療程、開始追蹤，一家人才終於恢復正常的生活。然而老天仍未眷顧他們，追蹤七年後，勛十一歲時竟然又復發了，復發後因為疾病產生的後遺症讓勛沒辦法走路，只能用輪椅代步。在這個需要一家人凝聚力量的非常時期，勛的爸爸卻無法接受自己的孩子不能走路的事實，選擇逃避離開。這對勛媽來說更是雪上加霜，但她沒有放棄，仍堅持獨自照顧孩子，直到現在勛已經二十四歲了，她仍然對勛不離不棄，把他照顧得無微不至。

當遇到孩子生病，有些父親也許是因為逃避而選擇拋下妻小，但絕大部分的母親一定選擇不離不棄地陪伴在孩子身邊，我想這就是母愛的偉大。

單親的她獨自一個人照顧生病的孩子十幾年，這十幾年來為了孩子，她沒有了自己的人生和生活品質，連工作都無法穩定，追求夢想根本是遙不可及的事。勛至今每週都需要到醫院回診，做定期追蹤檢查，每隔三個月需要開刀、住院、更換雙Ｊ導管（輸尿管），只要發燒狀況不穩時就必須住院觀察……這十幾年來勛的狀況時好時壞，甚至曾四度病危，勛媽已經跟兒子告別過Ｎ次，還好勛每次都順利挺了過來。

除了照顧自己的兒子，在醫院只要是病童或病童家屬有需要幫忙的地方，她一定義不容辭伸出雙手。除此之外，她也參加公益團體，如陽光基金會、許願協會等……幫助病童圓夢。自己的孩子生病要照顧都已經來不及了，但勛媽只要有空檔時間，都會很樂意去照顧別的孩子，這真的很不容易，是個無敵偉大的媽媽無誤。

住在臺南的勛媽，來我們的店（南投草屯）最快也要一個半小時的時間，但自從第一次到我們店後，陸續到現在快六年的時間了，她常常不經意地出現在我們店裡，讓我們常誤以為她是不是就住在隔壁？她總說我們距離很近啊！其實明明就有點遠，但我心裡想只要有心，距離真的不是問題。

勛媽不止一次跟我們說：ＳＭＯＫ cafe就像有魔法一樣，總是能帶給她滿滿能量，這裡的人是「有故事的人」，也曾發生許多的「故事」，也是「誕生她新的愛情故事」的地方。她總開玩笑地說，一個故事換一杯咖啡，因為這裡是幸福能量轉運站。

每當她心情很低落時，就會想來我們店，在充滿溫度的ＳＭＯＫ老宅裡，喝一杯正能量咖啡、吃一塊充滿愛的蛋糕，就可以讓她瞬間能量滿分、充滿電力。

我想很多事情都是相互回應的，當勛媽在ＳＭＯＫ cafe 感受到正能量時，我們也同時從她身上感受到為母則強的堅持，我想這是一個善的循環、愛的循環！

無敵小暖男——崑鵬

好想愛這個世界啊！

跟崑鵬第一次見面是在福爾摩沙台新夢想家籃球隊的彰化主球場。我們去看夢想家籃球比賽時，勛媽帶著喜歡籃球的崑鵬一起來看球賽，那是和崑鵬的初次相見。他是一個有點害羞、有點靦腆，卻又很貼心、懂事的小暖男。在那次之後只要有機會，他就會和勛媽一起來我們店裡。

青春年華的他，本來應該每天開開心心上學、和朋友吃喝玩樂，過著無憂無慮的學生生活。但他因為生病需要治療，當同年齡的孩子們在揮灑青春，他卻正辛苦承受著化療帶來的副作用。別人的願望也許是出去玩、買東西……但他的願望卻只是想和正常孩子一樣，好好地活著！

「好好活著」聽起來很簡單，但對生病的孩子卻是一種奢求。

崑鵬十三歲時確診為白血病，到二十一歲接受移植手術，這八年來他經歷了無數次的化療、電療、復發兩次再歷經 N 次的化療。當任何化療藥對他的病情都沒有幫助時，骨髓移植成為他重生唯一的機會。他很勇敢地接受了，也將自己的心理跟身體調整成最佳狀態去面對挑戰。他對我們說，他要換個新的引擎重新出發，用新的身體來我們的小店，和我們見面。

異體骨髓移植的過程真的非常辛苦，崑鵬忍耐著所有的痛、嘔吐跟不適，度過了骨髓移植的那二十多天後，緊接著還有更艱難的抗排斥在等著他。

移植後產生嚴重的排斥讓他皮膚乾燥，一直脫皮，全身神經痛得令人崩潰，腸胃道出血導致腹部跟膀胱劇烈疼痛，此外還有腦膜炎、昏迷、全身水腫、肺炎、肺積水、呼吸困難需要氧氣幫助……崑鵬連續四十五天無法進食，僅靠營養針維持身體機能，天天輸血、輸血小板，好幾次的病危。

所有排斥的副作用深深折磨著他，眼看著他意志力漸漸薄弱，已到了想放棄的臨界點。最難熬的時刻他跟媽媽說：「是不是當初不要決定骨髓移植會比較好？」聽到這句話崑鵬媽媽心都碎了。

但崑鵬還是撐住了。崑鵬說他在移植和治療的過程中，只要覺得自己快撐不下去的時候，他就會聽著華晨宇的歌〈好想愛這個世界啊〉，在心裡為自己吶喊加油。

看著這首歌的歌詞、聽著這首歌的旋律，想到這些孩子們（包括 Mina）在治療過程中承受的苦與病痛就覺得很不捨，眼淚也不禁在眼眶裡打轉。這些生病的孩子們，他們不奢望自己大富大貴，只希望好好活著、好好愛這個世界。這樣單純又簡單的願望，為什麼卻這麼難以實現？

聽說崑鵬將骨髓移植完成後想做的事列成清單，第一個就是想來ＳＭＯＫ cafe 看看大家、補充能量，沒想到出院當天他還真的立馬衝來我們小店。看到經歷萬般折磨，重生後的他重新站在我們的面前，我的眼眶不自覺地紅了起來，雖然心中真的萬般不捨，但他的微笑卻也給了我無比感動。

從他身上我們看到一個孩子為了好好活著的堅強與韌性，原本以為身上有著無限勇氣的他，必然能夠繼續突破難關，活出生命的精采，沒想到天不從人願，事與願違。完成移植後，崑鵬終於可以回家與家人一同生活，但這樣幸福美好的日子不到一年，最後崑鵬仍不敵病魔去當天使了。

我們都很捨不得，但我們知道沒有病痛的祂會是個快樂的天使。崑鵬曾經跟我們說，等治療好了想跟勛媽一起開一間像ＳＭＯＫ一樣溫馨的咖啡店。我想在天國的崑鵬一定已經開了一家有溫度的咖啡店了吧。我想對崑鵬說：「我們都很想祢，永遠會記得那個總是滿臉笑容、無敵貼心的小暖男。祢永遠都會活在我們的心中。」

陽光女孩——Ailee

這也許是上帝的旨意，讓我們可以再次重溫珍貴的回憶

記得第一次跟 Ailee 見面是在麥當勞叔叔之家，那天是「主廚日」。那是我們到麥當勞叔叔之家義煮的日子（我們固定一段時間就會到麥當勞叔叔之家煮飯給病童家庭們吃，並為他們加油打氣）。

那天看到一位爸爸帶著一個很活潑的小女孩，這個樂觀的女孩兒叫 Ailee。

Ailee 八歲時確診混合型松果體惡性生殖細胞瘤，一發病因為情況危急必須立刻安排腦部手術，術後接著繼續放射治療與化療治療，結束一年多艱辛的療程後持續追蹤，至今十三歲狀況穩定。

我對這個女孩印象很深刻，活潑的 Ailee 雖然戴著口罩但仍可以感受到她陽光般的笑容，天真可愛的她，並沒有因為疾病失去活力。

記得那天「麥當勞叔叔之家的主廚日」有小活動，Ailee 自告奮勇爭取當小小主持人，一上臺拿起麥克風絲毫不畏懼，滔滔不絕開始主持，臺下的大家看到如此景象紛

紛為 Ailee 鼓掌，小小年紀的她臺風如此穩健真的很不可思議啊！

讓我印象特別深刻的是她口罩之外露出的眼神，天啊！神韻怎麼跟 Mina 那麼像啊！就連走路的背影也跟 Mina 好像啊！也許是我太想念 Mina 產生的錯覺，但不只是我這麼認為，連 Kenny 和 Oliver 也都和我有一樣的想法。

因為這樣特殊的情感連結，加上 Oliver 和 Ailee 的互動特別好，也因此我們很快就和 Ailee 變得親暱起來，之後每次見面都覺得特別溫暖。每當看著 Oliver 和 Ailee 的互動，一起玩的模樣、手牽手逛街的背影，彷彿時光交錯，讓我想起從前 Mina 和家人們共度的時光，這也許是上帝的旨意，讓我們可以再次感受這樣暖心的畫面，再次重溫珍貴的回憶。

在麥當勞叔叔之家的主廚日當天，我們有帶 SMOK 的蛋糕跟大家分享。當天 Ailee 和爸爸也都有品嘗到我們的蛋糕，也非常喜歡，還一直嚷嚷說等他們有回中部，一定要找時間來我們老宅咖啡店走走。

過了沒多久，有天傍晚他們真的突然出現在我們店裡了。之後 Ailee 爸跟我說，那天第一次到店裡，我們親切的招呼給了他們很大的溫暖，像是回到了一個避風港、加油站。

在SMOK老宅裡，人們能放下苦惱、放鬆心情，在店裡交流彼此的故事，享受美食和咖啡，在SMOK補充能量後，繼續在對抗病魔的路上前進。雖然這條路有很多辛苦與困難，但只要有同伴的支持與陪伴，就不會迷惘和害怕。

也許是因為他們走過的辛苦歷程我們都經歷過，所以更能感同身受，也許因為在Ailee身上看到了Mina的影子，讓我更加憐惜不捨，我相信特別的緣分將我們連結在一起，因為充滿活力、陽光般的Ailee總是可以帶來令人難忘的大笑聲和能量。

這樣特殊的情感似乎也給予了我很不一樣的愛與慰藉，這一切真的都是上帝最美好的安排！

愛與能量故事的朋友們：勛媽、勛、崑鵬、
小 8、亮亮、Ailee、Ailee 爸、白雪。

永遠面帶笑容，充滿活力與正能量的 Candy 爸媽。

笑容滿面的 Candy 爸媽

我們有著一樣的故事

因為麥當勞叔叔之家的志工分享，知道 Candy 家有著和我們家一樣的故事。一個幸福的家庭，一對有愛的父母，一對感情深厚的姊妹。妹妹 Candy 兩歲五個月時發病，確診為和 Mina 一樣的神經母細胞腫瘤。

這種癌症治療的過程非常艱辛，所有治療癌症的方式都必須經歷。無論是化療、電療、開刀、自體骨髓移植、服用 A 酸等……沒有一樣可以避免。Candy 發病之後經歷一年多艱苦的治療過程，療程結束後持續追蹤至復發，最後離開去當小天使，整個歷程大約是四年半的時間。所有的過程都跟 Mina 很雷同。

而身為孩子的父母，我們同樣都因為孩子的關係自學烘焙、研發天然的甜點，並且以孩子的樣子設計品牌 logo，同樣希望藉由自己的故事，將愛無限蔓延。

某天意外發現，住在臺北的 Candy 爸媽出現在我們店裡，雖然我們之前未曾謀面，但透過麥當勞叔叔之家的志工分享，在臉書有看過 Candy 爸媽的照片，所以他們一走進來，我們立刻就認了出來。

Candy 媽說，因為麥勞叔叔之家的志工分享，知道我們和他們家有著一樣的故事，於是特別安排來我們店，除了想來品嚐美食，也想看看我們，希望能為我們加油。

一進店裡，她先是被我們的陳設給吸引，驚嘆店裡的每一個角落都很用心、每一個設計都很有特色，用兩個女兒小時候的樣子設計的 logo 好美。用餐時，也頻頻說餐點跟他們心裡所想的一樣很用心、很好吃。在她到處拍照、留下美好記錄的同時，我端上了為他們特製的餐點，並在餐點上畫下 Candy 的 logo 寫上「加油」的字語。

其實跟 Candy 爸媽第一次見面時，Mina 才剛離開不到一年，我們還處於非常悲痛的時期。Candy 爸媽因為經歷過這樣的時期，知道這段過程很艱辛、非常不容易，需要很多愛與鼓勵來陪伴，才能慢慢度過這一段非常黑暗的時期。

也許因為我們有幾乎完全相同的境遇，經歷的苦與辛酸彼此都能懂，也都能體會，所以特別惺惺相惜。這樣特殊的革命情感讓我們互相吸引，如今成為知己的我們，更加珍惜這份因為 Mina & Candy 所牽引的特別緣分。

總是笑臉迎人的 Candy 爸媽，從不吝嗇分享陽光般的笑容與活力，就如同我們總是期望能傳遞溫暖給我們遇到的每一個人。因為 Mina & Candy 的連結，我們能分享更多的勇氣與能量給彼此，也希望這份勇氣與能量，能夠持續擴大，將愛分享給更多需要的人。

無私的愛——Dora 媽咪

讓生命影響生命，生命改變生命！

記得我第一次知道 Dora 媽咪的故事是在 Mina 生病後，心情很沮喪時，我來到書店想尋找一本書可以安慰我、鼓勵我，甚至告訴我、教我該如何面對未來？該如何照顧生病的孩子？以及怎麼調適自己的心情？

書店很大，書架上堆滿了各種主題的書籍，但找了很久，卻沒有找到任何一本書，可以鼓勵當時的我。直到有一天，有一位朋友寄了一本 Dora 媽咪的書《93 奇蹟，Dora 給我們的生命禮物》給我，讀完 Dora 媽咪的書，也看了 Dora 生前拍攝的《Love Life》紀錄片，我的迷惘有了解答，Dora 媽咪無私的愛，幫助我找到前進的方向。

Dora 在十歲那年，喜愛運動的她，某一次在教會打籃球時大腿突然斷裂，緊急送醫後檢查出罹患骨癌。就如同 Mina 的病情來得又猛又急，Dora 接下來也同樣面對嚴苛的抗癌過程，歷經了無數次的手術與化療，復發治療再復發再治療……這樣的過程反覆五次，最終被醫院宣告治療無效。

跟Dora媽咪的第一次正式見面是去聽她在埔里國中的演講。

也許是我們有相同的境遇，她所說的、她所承受的，我們都能感同身受，在臺下聽著演講的我們，回憶起過去的點滴、想起那些陪伴Mina治療的過程，家裡醫院來回奔波的艱辛日子，到失去Mina痛徹心扉的痛……不禁淚流滿面！

Dora在離開前跟媽咪說：「媽咪，妳要繼續用愛改變世界……」為了實現與女兒的約定，Dora媽咪曾將自己奉獻給慈善事業，在二〇一七年建立「生命無懼關懷協會」，致力推動有關「兒童安寧緩和治療」的理念。

跟Dora媽咪認識以來，她一直是那麼樂觀、有活力，並關愛著身邊每一個人。

在籌備老宅與開幕之後，Dora媽咪N次來訪SMOK，她總是會一邊喝著正能量咖啡搭配一口有故事的蛋糕，一邊聊著彼此的近況，關心我們。

Dora媽咪說，遭遇孩子生病，我們夫妻倆能夠為了孩子同心協力、克服難關，她覺得是一件看似很合乎常理，卻又很不容易的事。她說：我跟Kenny一路走來，除了一起養育孩子外，還一起創業、一同完成老宅咖啡屋的夢想，兩人始終齊心朝著一同變得更好的信念努力著，真的很不容易。同樣失去過孩子，但Dora媽咪沒有讓眼淚淹沒在悲傷裡，而是將悲傷化為力量，將夢想建築在別人的需要上。她對生命的態度是我們的榜樣，期許我們都能將女兒們留下來的愛與故事分享給需要的人，用生命影響生命！

充滿正能量的 Dora 媽咪，生命無懼！

生命鬥士——黃博煒

但我想活！永不放棄！

與博煒的第一次見面也是在福爾摩沙台新夢想家的彰化主場球賽。初次見到博煒讓我印象深刻，失去了雙腳及右手的他坐著輪椅，僅靠著左手可以稍微輔助自己。他熟練地操作著電動輪椅從無障礙計程車上下車，熟悉、迅速，不需要別人輔助。博煒的臉上總是洋溢著充滿活力的笑容，似乎四肢的不健全並沒有造成他太多的困擾。看到這樣子的他，除了心疼，也覺得他好堅強啊！

博煒因為二〇一五年八仙塵暴的意外，全身有九十五％的嚴重燒燙傷，甚至必須將燒焦壞死的雙腳和右手都切除，才能換來百分之五的存活率。

聽到這個消息，博煒想到患有先天性四肢切斷症的澳洲作家力克・胡哲（Nick Vujicic），即使身體嚴重缺陷，但仍然活得積極精采，博煒說：「既然他做得到，為什麼我不行？」於是他決定截肢，爭取五％的活命機會。

活下來的他，歷經如煉獄般的復健、壓力衣的悶熱，甚至還曾遭遇過網路霸凌，酸民的冷言冷語甚至汙辱不友善的言詞，對他的身體跟心理都是無比的煎熬……

但博煒靠著堅強的意志力克服了種種考驗，並如同當初對自己許下的承諾，他超越肢體缺陷，活出屬於自己的精采人生。博煒完成學士學位、登上合歡山，還用觸控筆敲出自己的截後人生，在二〇一七年出版了《但我想活》一書。

即使完成了很多別人眼中的不可能，但博煒沒有停下腳步，他仍然不斷訓練自己獨立生活，直到二〇一九年，他可以自行用義肢輔助站起來，這樣一個站起來的動作，他花了四年半的時間達成。

了解他所有的經歷後，不得不佩服博煒正面面對極大苦難的勇氣，他的心從不曾因身體侷限而退縮，反而努力活得比許多人都更充實。博煒的災後重生歷程，就是「永不放棄」的一個美好詮釋與見證！

博煒說，他在演講時常常被問到：「博煒你用你的生命故事在激勵別人，但也總會有難過的時候吧？又是誰來激勵你呢？」

他說：「Kenny 哥一家人的故事就是其中之一。」

博煒在粉專寫下他與我們的故事：

「起初我們在球場認識，我以為他們只是平凡的夫妻帶著女兒一起來看球，但是總會隨身帶著一個玩偶，拍照的時候一定會捧在懷裡一起合影。

我後來才知道原來他們曾經有段悲傷的過往，在N年前失去了愛女，我想這是任何人都難以承受的傷痛，但每次見面，我卻從未在他們身上感受到一絲的負面能量。

是因為不難過，時間久了淡忘嗎？

不，他們只是選擇不把時間花在沉溺於傷痛，因為那是已改變不了的事實。

多年過去了，他們甚至把過往的傷痛、曾經受到的所有關心與照顧，轉換成滿滿的正能量，不但完成夢想在草屯開了咖啡館，還持續用自己的故事與影響力，把溫暖帶給每位來訪的客人。這些故事深深地激勵了我。

雖然他們的店在南投草屯，對於住在臺北的我交通真的不是很方便，但SMOK的故事深深激勵了我，無論多麼麻煩我依舊想要克服困難，我一定要去SMOK cafe感受他們老宅的溫度！

咖啡館內不僅有他們自身的經歷，還收藏了許多同樣極具正能量的故事，我也有幸在其中，有機會一定要去南投草屯被激勵一波！」

博煒說我們的故事深深地激勵他，也給予他許多的鼓舞，每一次和 Kenny 的談話總能為他帶來許多啟發，讓他更珍惜現在擁有的一切。其實在博煒身上我們也看到了生命的韌性、永不放棄的堅持。

他勇敢的人生故事，讓更多人燃起對生命的熱愛，而這份愛，將帶領我們超越任何阻礙！

永不放棄的生命鬥士 —— 博煒。

堅持每個月都要來一次SMOK——雅菱一家人

她感應到一個女生的聲音跟她說：「歡迎你們再來！」

雅菱是從舊店就來光顧的常客，她每個月至少會來我們店一次，而且持續了好長一段時間。「是什麼原因讓妳一來再來？」我忍不住好奇詢問。

雅菱說，甜點控的她，因為巧克力囊腫有好一段時間不能碰甜點。因為太甜或是不天然的食材會影響身體健康。幾個月前在電視上（TVBS《一步一腳印發現新台灣》的採訪介紹）看到我們一家人為了愛女研發製作天然甜點，才知道草屯有這麼一間咖啡店。

我們的故事讓她很感動，天然無添加物的純手工甜點更令她心動，於是立馬將我們的店放入口袋名單。來訪後，發現SMOK cafe採用天然食材製作的乳酪蛋糕滋味如此美好，自此一試成主顧，再加上SMOK就像家一樣輕鬆自在，於是每個月都會找機會來拜訪。

幾次見面後，雅菱跟我們分享她的故事。

大約十年前，雅菱當時懷孕三個月，因為下腹劇烈疼痛，痛到無法下床、無法上班，到醫院檢查後發現卵巢內有巧克力囊腫，當時的她子宮內正孕育著新生命，經醫生評估，由於囊腫過大約十公分，有可能壓迫影響到胎兒，若囊腫破裂，甚至連母體都有可能不保，情況危急，必須手術開刀將囊腫取出。

懷孕三個月的她不得不安排開刀，還好手術一切順利，對胎兒也沒有任何影響。雖然當時她的心情一度很沮喪，覺得自己怎麼會這麼倒楣，遇到這樣的事；但最後手術順利、孩子也平安順產，讓她覺得很感恩，從此也不再怨天尤人。

但手術並未完全治癒她的疾病，四年後巧克力囊腫竟然又跑到另一邊的卵巢，發現時囊腫已過於腫大，必須再開一次刀切除。這個消息讓她很錯愕，但最終她還是選擇了勇敢面對。曾經因為疾病而悲觀，甚至失去生活重心的她，經歷了兩次手術後，有了不一樣的人生觀。她決定活在當下，想做什麼就去做！

N年後她曾偷偷跟我們透露，她其實是靈異體質，看不到卻聽得到靈界的聲音。她說，她還記得我們舊店的吧檯旁右邊是一組四人座的沙發，她第一次去時有感覺到Mina坐在那，看著她微笑，而且當她要離開回家時，她感應到一個女生的聲音跟她說：「歡迎你們再來！」

雖然聽起來很玄，但 Mina 給她的感應讓她覺得很溫馨，再加上和我們有著朋友般的相處，所以她越來越喜歡這間店。因為喜歡，所以一再造訪，到最後就變成堅持造訪。從二〇一七年三月認識直到現在，雅菱簡直把 SMOK 當娘家一樣，每個月至少來訪一次，有時候甚至一個月來兩次，我們認識快五年的時間，這五年來雅菱來了約六十次。

我們很感動有這麼一位默默支持我們的客人成為我們的好朋友，而她的堅持與行動力，也為我們帶來滿滿的繼續努力的能量！

堅持每個月來一次 SMOK 的雅菱，謝謝妳對我們的支持喔！

6 我們一定要用有故事的蛋糕來感動全世界

Kenny

SMOK 有故事的蛋糕

自從二〇一二年 Mina 生病以來，我們就很注意她的飲食。除了配合醫生的療程外，我們更希望以食療的輔助來幫助她。因為治療的關係，Mina 的抵抗力大幅下降，這讓我們更小心注意，深怕吃了不健康、不乾淨的食物導致不好的後果。

Mina 很愛吃甜食，尤其是遇到家人們生日，姊妹倆會想要吃蛋糕慶祝。這真的讓我們很苦惱，給 Mina 吃怕外面的食物不夠乾淨增加感染機率，不給她吃又很怕看到

Mina 失望和難過的表情。

外面甜點的成分、食材來源及製作過程 Sammi 實在不放心，為了讓女兒吃到天然的蛋糕，從來沒學過烘焙的 Sammi 決定自學、自己動手做、自己研究製作天然美味無添加物的蛋糕。

因為 Mina 生病的關係，我們開始重視使用的食材來源，嚴格挑選天然無毒的有機食材。因為 Mina 喜歡吃草莓，我們找到極稀有的有機草莓來熬煮果醬，即使標榜有機，Sammi 仍是花了很多時間親手將草莓洗淨。除了草莓，還有有機蔓越莓、藍莓等各式果醬，做出多種水果口味的甜點。

每次遇到重要的節日，Mina 總是有「專屬的蛋糕」可以享用。「特製蛋糕」不只滿足了 Mina 對甜點的期待，更滿足了我們想看到 Mina 開心笑容的期盼。全家人一起開開心心的慶祝，這就是我們當時最棒的幸福時光。

雖然最後 Mina 還是離開我們去當快樂的小天使了，但選擇純手工，天然無添加物，甚至有機食材來做蛋糕的理念，一直堅持至今都沒有改變。現在店裡販售的乳酪蛋糕，就是當初為了 Mina 特製的蛋糕，裡面不添加香精、香料、色素、果膠、防腐劑……等任何化學添加物，僅使用純乳酪、有機食材製作，使用的糖也比一般蛋糕更少。

ＳＭＯＫ蛋糕是一位母親對女兒的用心、愛和思念，Sammi希望女兒在享受美食的同時，不會造成身體的負擔，如今，我們更希望能將這份心意分享給大家，也許我們的口味與外表並不是非常搶眼，但絕對是最天然的幸福滋味。

ＳＭＯＫ有故事的蛋糕慢慢地越來越多人知道；專程前來的客人越來越多，吃過後分享介紹的朋友也越來越多，訂單開始增加，更延伸開發出冷凍宅配這條從沒做過的新方向。很感謝媒體的採訪，讓更多人知道我們的故事，我們時常在夜深人靜時收到感謝訊息，這真的給我們許多鼓勵和力量，而藉著媒體的力量，關於ＳＭＯＫ的故事更穿越國界與地理限制，帶來了國外的消息……

Sammi 用有機草莓熬煮果醬，
親手替 Mina 做草莓蛋糕。

SMOK 的蛋糕是一位母親對女兒的愛與思念。

SMOK 有一個夢：我們要用我們「有故事的蛋糕」，來鼓勵和感動全臺灣的人♥

來自新加坡的感動

二〇一八年一月九號一個讓人驚喜的事在我們小店發生。

一如往常，我跟 Sammi 提早到店裡準備營業，當天天空下著綿綿細雨，遠遠就看見一個客人坐在店門口，等著營業時間到來。我心裡很開心，於是跟 Sammi 說：「我們真的越來越好了，還沒開門就有客人在店門口等，要更努力才行。」

主動招呼後，我們便將這位客人請到店裡，並安排座位讓他點餐。

一直很喜歡和客人互動的我，開口問道：「先生你從哪裡來的呢？」

客人回答：「我從新加坡來的，我是為了來你們店專程安排這趟臺灣之旅。」

這句回答讓我瞬間全身起了雞皮疙瘩，一下子回不了話。

客人繼續說：「我是看了《在台灣的故事》這個節目，被你們一家人的故事感動，所以我告訴自己，一定要找時間來臺灣找你們，看看你們有溫度的小店，也想來吃你們有故事的蛋糕和咖啡。這是我今年一定要做的事。」

當下我已經眼眶泛淚，牽著 Sammi 的手表達我們的感謝。真的沒想到藉由網路，我們的故事不只可以感動和鼓勵到臺灣的人，還可以感染到不同國度的朋友。

經過小聊後才知道這位來自新加坡的客人朋友是第一次來臺灣中部，因為不太清楚臺中跟草屯的地理位置，所以在網路上訂了臺中的飯店。沒想到從臺中到草屯還需要三十分鐘的車程，再加上他是自己坐公車來的，交通上對這位新加坡旅客是有點小小的困難。

他靜靜坐著，搭配輕食和蛋糕喝著咖啡，時不時抬頭仔細觀看店裡的布置和擺設。他就像老朋友一樣和我們分享這一路旅程上的驚喜和收穫，當然我們也用我們最棒的笑容回應他，一起度過這個有意義的下午時光。

當晚我和 Sammi 一起回味這充滿驚奇和感動的一天。這條路雖然走得辛苦，但只要方向正確，我們就會繼續堅持、努力前進，永遠都不能放棄。

隔天一早準備開店營業前，一個熟悉的身影又再度出現在店門口。昨天那位新加坡客人又再次坐公車來我們店。

客人說：「我是專程來跟你們道別的。順便把我帶在身上的新加坡名產送給你們。我真的很開心能完成來你們店的願望，也很開心終於能見到你們。你們的親切和溫暖留給我很深刻的印象，你們一家人的勇敢鼓勵了我。我想未來我做什麼事想到你們一家人都會更有力量。」

這位新加坡的客人謝謝你，你的出現才給了我們很大的鼓勵，也給我們一家人繼續堅持不放棄的勇氣。

來自越南的感動

一個一如往常的開店日，這是一個再平凡不過的炎熱下午。一位美麗的客人走進店裡想外帶幾塊蛋糕，挑選口味後問我：「請問你們的蛋糕可以帶上飛機嗎？」

突如其來的問題讓我一下子沒能反應，所以請客人再說一次。

客人緊接著說：「我是個越南華僑，不久前在越南看到你們的臉書，一路走來的不容易，所以趁著這次回國探親，特地來你們店看看，也一定要品嘗到你們特製的蛋糕與咖啡。越南當地有很多朋友知道我要回臺灣，都跟我推薦一定要來你們店走走，更拜託我一定要外帶你們的蛋糕回越南和他們分享。許多推薦的人都是越南當地人喔，你們真的很用心，連越南人都知道你們的故事耶。」

雖然我們家的蛋糕因為法規的關係不能坐飛機帶到國外去，但真的很感謝越南友人們的支持，我和 Sammi 決定我們必須更加努力打拚，未來總有一天，我們一定要把我們最用心的手工蛋糕賣到世界各地，感動到更多的人，也要讓更多人可以品嘗到我們的用心。

來自加拿大的感動

能將 SMOK 乳酪蛋糕宅配到臺灣每個角落，是我們最大的幸福 ♥

這幾年有定居在加拿大的華僑一家人，趁回國的時間專程前來給我們加油打氣，雖然我們互相不認識，但他們一家人非常真誠，一進門媽媽更是瞬間紅了眼眶說：「我在臉書上關注你們一家人好幾年了，一直好想來吃你們家的『有故事的蛋糕』，有著媽媽對女兒的愛的蛋糕，一定很不一樣，今天終於有機會踏進你們的小店。

「我真的很心疼你們，也很喜歡你們的兩個女兒。對 Mina 更是不捨，那麼懂事又貼心的女孩，怎麼老天不多眷顧她，給她更多的時間陪伴你們，陪著姊姊一起長大。「怎麼辦我真的好難過，實在不知道要怎麼安慰你們。真不好意思眼淚停不下來，還要你們反過來安慰我……」

其實這幾年好多好多客人，一進門看到我們就紅了眼眶，甚至淚流不止。雖然事情過了許多年，但在夜深人靜時，我跟 Sammi 有時仍會忍不住抱頭痛哭，到現在還是很難接受。但哭過了就好，哭完記得把眼淚擦乾，用微笑告訴自己要更珍惜未來，我們選擇用新的幸福將遺憾包住，勇往直前。

真的謝謝大家對我們的不捨和關心。我們很好，我們帶著 Mina 的愛會努力地活著，並開心、用心地生活。因為我們都知道 Mina 一定很喜歡看到我們的笑容，Mina 肯定會用微笑保佑並守護著我們。

更何況我們還有許多客人好友的支持與關心，有一位長期支持我們的客人，雖然這幾年他都在大陸居住和工作，沒辦法親身來店裡吃蛋糕，但即使人在大陸，只要遇到重要的日子，他都會用私訊跟我們訂購十幾二十模蛋糕，用冷凍宅配分享給全臺灣各地的親友，真的讓我們很感動。

感謝所有專程前來給我們力量的客人朋友們，除了臺灣的朋友外，目前更累積了香港、馬來西亞、印尼、泰國、美國、日本、韓國、義大利、澳洲等各個國家的客人。客人朋友帶來關心與支持，而我們則用有故事的蛋糕回饋，每個人在自己的生命旅途打拚時，難免會遭遇低潮，SMOK蛋糕有我們滿滿的用心與滿滿的愛，相信一定能傳遞能量，幫大家打氣。這樣愛與能量的小故事，到現在還是不斷在我們小店裡一直上演著。

我們曾經遇到「世界上最痛的痛」，但沒有被悲痛所擊倒，反而繼續為夢想堅持努力，「只要能好好活著，什麼事都是有可能的」，就是我們最想給大家的力量。雖然我們的力量很小，但我們願意努力。因為我們想用「有故事的蛋糕」來感動全世界。

雖然我們的力量真的很小，
但我們有恆心有堅持，
唯有相信力量才會變更大。

PART 4

善的循環，不斷延續

1 終於完成爸爸對 Mina 的約定

kenny

二〇一八年二月二十五日，這一天我永遠不會忘記，這一天我終於完成和 Mina 的約定，只是這個約定遲到了六百三十五天。

二〇一二年十月 Mina 發病，四年的治療除了辛苦，也常讓人覺得枯燥乏味。每次入院治療一次就是一個月。打藥、殺壞細胞、殺血球、必須更小心防止感染，接下來要努力吃好睡好長血球，等白血球數量增長到醫師覺得安全的程度，才會讓我們出院。在家休息十到十五天後，再回醫院繼續下一個療程。就這樣反反覆覆過了四年。

在治療時常會有空閒時間，這段時間若是什麼都不做，會因為擔心跟無助而開始胡思亂想，因此我跟 Sammi 會利用空檔，儘量幫 Mina 安排許多課程，讓她的生活不只有難熬跟枯燥的治療，還可以在爸爸媽媽的陪伴下快樂地成長、學習新事物。雖然

Mina 從小就很喜歡上學、喜歡學習，更喜歡和同學一起玩耍，只是因為正在努力和病魔抗戰，而沒有辦法去學校上課。所以我們就想辦法到學校找老師，請老師給我們學校的教材，把學校的課業帶到病房裡。我們花時間研究並安排時間陪伴 Mina 自學，讓當時只有三、四歲的 Mina 也可以學著認字。

因為工作的關係，也因為我們還有一個大女兒 Oliver，她也需要我們的陪伴照顧，因此我們夫妻倆那幾年大多是輪流在醫院陪著 Mina 治療。

每當輪到了 Sammi 陪伴 Mina 的那些日子，Sammi 都會安排一些學習的課程，豐富的課程安排包括有認字課、說故事課、英文課，也有閱讀課。這些課程雖然「嚴肅」一點，但 Sammi 的教學方式既活潑又逗趣，所以就算是上課，Mina 也常是笑聲不斷。相較之下我的課就完全不一樣了，有一點美術天分的我，安排的課程有畫圖課、摺紙課、講笑話課、還有視聽課（簡單來說就是看電視、看影片，追追偶像劇囉！）

我們不斷想辦法也找出方法來幫助 Mina，希望能夠幫助她忘掉在病房一整個月的辛苦和不舒服。在某一個輪到我來醫院陪伴 Mina 的深夜，Mina 依然在晚上十點前就寢，而我滑著手機，無意間發現一個影片，那個影片叫《Love Life》。

那是一個紀錄片，是黑人陳建州和范范姐范瑋琪一起拍攝的。內容記錄著三個癌末小女孩 Dora、奕華、家彣的故事。她們在人生最後的那段日子裡沒有放棄也沒有自暴自棄，反而互相陪伴，一起勇敢面對，甚至用自己的力量去鼓勵和幫助更多正處於低潮或是正在對抗病魔的人。我被影片裡這三個小女孩深深感動，因為我們正遭遇相似的處境，正努力接受治療，期待破繭而出的那一天。

看完影片後我深深地告訴自己，要加油，提醒自己也要用這樣積極的態度面對接下來的挑戰，也要用同樣的態度來鼓勵 Mina。就在那一晚，心裡多了一點力量，也有了一些些的安慰。不管未來會如何，我們一家人必須更勇敢地手牽手一起走下去！只要一家人陪伴在彼此身邊，沒有什麼是無法克服的，什麼都會是有希望的！

我也找時間和 Mina 分享《Love Life》，試著鼓勵她不管未來發生什麼事，我們一家人都會陪妳一起面對喔！這段談話對當時才四歲的 Mina 來說或許真的不大容易懂，但她還是回應我一聲「嗯」，搭配一個堅定和明亮的眼神，以及一個大大的微笑。那個微笑是我最喜歡也最熟悉的微笑。我想她應該找到了她聽得懂的關鍵字。我們一家人都會陪妳一起喔！所以她才會特別放心。因為 Mina 永遠都覺得，只要爸爸、媽媽、姊姊都陪著她，她就什麼都不會怕。

因為《Love Life》，讓我開始注意到黑人陳建州（黑哥）。

以前我對黑哥並不熟悉，只知道他過去曾是籃球員，後來因為受傷轉型當藝人，平常也不會特別注意他的消息和新聞。自從看過《Love Life》之後，我開始去關注黑哥，也試著去了解他在做的事，想要了解他為什麼會想拍這樣的紀錄影片，因此注意到黑哥和范范姐時常為公益發聲，也會積極參與相關活動。

在陪伴 Mina 治療的日子裡，我常常用平板放影片給 Mina 看。平時只要看到有趣或是會讓人哈哈大笑的影片我都會記錄或是收藏下來，並在課堂上分享給 Mina 看，讓 Mina 哈哈大笑、放鬆心情，就是我的課程最大的目的。

自從開始關注黑哥和范范姐，常常會看到黑哥惡作劇整范范姐的影片，這當然也是我不能錯過的「有趣教材」。黑哥躲起來嚇范范姐的影片總是能讓 Mina 大笑，光是嚇范范姐的影片就有好多的版本：有用蟑螂啊、蟲啊，連出門運動跑步都可以安排驚嚇橋段，每次看到范范姐嚇得驚慌失措的生動表情，Mina 就會發出她特有的大笑聲，整間病房充滿了歡樂。

我真的很喜歡看 Mina 大笑，因為那不只 Mina 開心，也讓我們放心。所以等待黑哥上傳新影片就變成是我跟 Mina 每天期待的驚喜。有一次我和 Mina 一起看黑哥新上傳的惡整范范姐影片，Mina 自然又被逗得狂笑不已，當時我就跟她說：「爸爸找黑人叔叔來鼓勵妳好不好？」

Mina 微笑地回答我：「好喔！」緊接著又說：「但我很怕黑人叔叔會嚇我，哈哈哈。」看著 Mina 的笑容，我告訴自己一定要完成這件事。我怎樣都要想辦法完成「我和 Mina 的約定」。

從那一天開始我就一直很想找到黑哥跟范范姐，希望可以邀請他們來鼓勵 Mina、給她力量。於是我鼓起勇氣，傳了一段文字私訊到黑哥的粉絲專頁。但我因為不好意思，所以沒有寫下邀約的請求，再加上粉專可能每天都會收到很多類似的訊息，所以我並沒有得到回應。我用了許多方法想要聯繫他們，為了這件事絞盡腦汁去想，如何才能連結到能聯絡黑哥的窗口。或許當時的社群網站較不普遍，又或許我們怕為難別人所以表現得太客氣，可惜得到的結果都讓我失望。

後來我聯繫上一位在麥當勞叔叔之家工作的朋友，因為公益活動的關係，所以他常會接觸黑哥。有一次那位朋友很開心地打電話跟我們說，今天有活動會約黑人來喔！你們可以上臺北嗎？這個消息雖然讓人振奮，但馬上被現實澆醒，當時 Mina 正在醫院治療，治療當然比什麼都重要。

還有一次全家人帶著 Mina 北上到臺大醫院回診，看診結束後意外在臉書上得知黑哥和范范姐有一個活動在附近的百貨公司，而我們剛好就在附近，這真的讓我們又驚又喜。一家四口急忙跑到百貨公司，經過詢問好不容易終於找到現場，沒想到活動正好結束，黑哥跟范范姐十分鐘前才離開，這次竟然又錯過了！

一連好幾次的錯過雖然讓人失落，但我們還是相信只是時候未到，未來一切一定會有最好的安排，就這樣盼著、盼著，後來因為 Mina 的病情出現變化，我們必須全力投入在陪伴治療上，就把這件事暫時放下。最後 Mina 還是離開我們了，這件事或許也就沒有那麼重要了。

只是這個遺憾一直留在我心中，這是一個讓我永遠無法忘記的約定，我因為沒有實現和 Mina 的約定感到自責。

這個埋藏在心裡整整三年的遺憾，在二〇一八年二月二十五日終於被實現了。

這中間的貴人是我的麻吉勛媽（黃淑惠），她因為公益活動與黑哥有聯繫而和他熟識，勛媽在得知我跟 Mina 的約定後，親自向黑哥介紹我們一家人。後來更邀請我們到彰化看寶島夢想家主場的籃球比賽！終於讓我們一家人有機會見到黑哥，讓這一切最終有一個美麗的結果。

我永遠記得和黑哥見面後他向我說的第一句話：

「我知道你們一家人，謝謝你們一家人為社會的付出和傳遞的正能量。」

當時我真的忍不住偷偷落淚，只是趕緊擦掉沒讓人發現。這個眼淚代表的是一個爸爸對女兒的愛，也是一個爸爸對女兒的不捨，更代表了爸爸終於完成了對女兒的承諾。真的沒有想到，我放下心中大石頭的這一天，竟然遲到了六百二十五天之久，終於讓 Mina 熊見到了黑哥，終於，我也可以親口向黑哥說聲謝謝。

謝謝黑哥用心完成了《Love Life》的紀錄片。《Love Life》不只鼓勵了我們，也一定感動了更多正處在低潮，或是正處在人生谷底中的人。

當天球賽結束後，黑哥親自走來我們面前表示關心和鼓勵，雖然球賽最後沒有贏，但黑哥給我們的微笑卻依然溫暖。當下黑哥和我們做了一個約定，一定要找時間到南投草屯，來我們的 SMOK cafe 小店走走，感受一下屬於我們的正能量。

這個約定沒有多久就實現了。黑哥帶著范范姐和兩個寶貝飛飛、翔翔，一家人滿溢著笑容來到我們有溫度的小小王國。黑哥甚至當場畫了一張我的畫像送我，並且和范范姐一同在我們的網美彩虹牆上留下簽名和滿滿的能量。

我們相信這樣的際遇一定都是 Mina 帶給我們的，這是 Mina 對爸爸、媽咪和姊姊的愛的回應！對於 Mina，我們永遠會用心靈回應，用微笑面對，用淚水思念。

黑哥和范范姐一家造訪 SMOK cafe。

黑哥與范范姐在牆上留下簽名與 LOVELIFE。

2 我們是麥當勞叔叔之家永遠的家人

kenny

二〇一三年十月十四日我們一家人帶著 Mina 到臺北回診，在醫院幫忙申請下，開啟了我們跟「麥當勞叔叔之家慈善基金會」的緣分。

麥當勞叔叔之家服務的是遠地就醫的小朋友和家屬，為他們提供一個像家一樣充滿溫暖和關懷的住所。外縣市的家庭到臺北治療，若無法當天來回，需要另外花一筆住宿費，對長期治療的家庭來說會是不小的負擔。

相信很多人都被名字所誤導了，麥當勞叔叔之家慈善基金會並不是麥當勞的企業基金會，它的國內主管機關是衛福部，國外則是麥當勞叔叔之家慈善基金會美國總部。所以麥當勞叔叔之家並不是大家所認為，是由財團支援而成的團體，而是和其他所有慈善單位一樣，需要靠自己對外募款，藉由社會大眾的愛心和捐款（當然包含麥當勞本身的支持）來運作。

全臺灣一定有許許多多的病童家庭曾經受到麥麥家（麥當勞叔叔之家的暱稱）的幫助，而對它們充滿感激，當然我們也是；但我們跟麥麥家的關係，絕對不僅是感激，我們的關係更為親近且密切，因為那裡是我們帶 Mina 上臺北回診時最重要的家。

麥麥家的環境非常好，除了有超級舒適的房間、遊戲區，就連浴室都比家裡的浴室大了五倍……更重要的是，那裡有一群真心關心彼此、互相支持的家人們。回臺北醫院治療的過程總是疲憊而且充滿不確定感，但當我們回麥麥家休息時，不管是早是晚，總是有一盞燈、有一個微笑，和一個大大的擁抱等著你。那個微笑和擁抱是世界上最溫暖的力量，給徬徨無助的我們一點希望和安慰，讓我們能夠吸收消化內心的憂慮，轉化為笑容來面對我的女兒們，讓女兒們能夠安心地面對接下來的挑戰。

記得第一次踏入麥麥家，Mina 在第一時間收到了她的麥麥熊，麥麥家會給每一位新入住的病童一隻麥麥熊，它會是陪伴著病童們一起面對未來治療和挑戰的好朋友。而 Mina 的麥麥熊在往後的日子裡，也將陪著 Mina 面對大大小小的挑戰，成為她最重要的好朋友之一。

緊接著迎接我們的是「麥麥家人們」親切的微笑，這群「家人們」帶著我們熟悉環境，介紹其他成員讓我們認識。Mina 和 Oliver 當然第一眼就看到餐廳旁的遊戲區，如果沒有催她們，我相信她們可以玩一個下午絕對沒問題呢！

上臺北對我們夫妻的心情來說是一個很大的負擔，因為上來不是動手術就是檢查等報告，尤其是第一次療程完全結束後，在醫院做追蹤檢查，擔心和害怕組成的龐大壓力真的讓我們一刻也無法放鬆。但姊妹倆的心情卻和爸媽形成強烈的對比，她們超級期待來臺北，期待一起住在麥麥家，一起在遊戲區玩，更期待見到叔叔、阿姨、哥哥、姐姐們。看到孩子們這麼開心，我跟 Sammi 緊繃的情緒也會放鬆許多。

還記得 Mina 的療程結束，處於追蹤期時，我們和麥麥家拍了一個義賣麥麥熊的公益廣告。內容是一群金華國小的小朋友，他們收集爸媽的舊衣服，用這些蒐集起來的二手衣服做成麥麥熊。這是一個很有意義的影片，他們偷偷用這些舊衣排成麥麥熊的圖案，並邀請住在麥麥家的病童們和家屬到現場，鼓勵大家要加油。當下我們真的感動不已，小朋友的心意給了我們繼續勇敢拚下去的力量（這支公益廣告在 YouTube 搜尋「麥當勞基金會 麥麥熊篇」就會看得到）。

永遠記得在 Mina 復發後被醫生診斷存活率為〇%時，那對我們一家人來說真是晴天霹靂，完全無法接受。當時麥當勞叔叔之家的「家人們」時時陪著我們一起禱告，陪伴我們一同面對；在我們夫妻不得不去醫院處理各種手續時，「家人們」會帶著兩姊妹到公園玩耍吃甜點。「家人們」當時對我們一家人的付出和貼心真的讓我們永生難忘。

謝謝麥麥家的「家人們」，尤其是Emily、Kevin、小寶、秋屏媽、Linko、子安、藍大、Mindy……等，謝謝你們陪伴我們走過最辛苦的階段，因為你們的支持與幫助，讓我們夫妻倆有時間消化悲傷、討論未來，如此，才有勇氣面對接下來的一切挑戰。

Mina熊領軍做公益

這份感動我們一直放在心裡，也一直計畫著想為「家人們」做些什麼，慢慢地，我們開始一步一步實現計畫中的「美好的小事」。

因為麥當勞叔叔之家是需要透過自己的努力四處募款，所以麥麥家的志工們會親手縫製一隻隻純手工的麥麥熊到處義賣，以此籌措經費來維持麥麥家的運作，讓遠地就醫的病童和家屬們，能待在一個像家一樣溫暖的地方。

我們都知道麥麥熊對我們和對很多病童的意義，而Mina的麥麥熊在Mina離開後，更化作「Mina熊」永遠陪在我們身邊。所以只要有時間我們都會幫忙義賣麥麥熊，用Mina熊來帶領更多的麥麥熊在店裡義賣，為麥麥家盡一點小小的力量。常收到客人的私訊和電話訂購的內容說：「知道你們一直在做這些很有意義的事，當然一定要支持，和你們一起做公益。」看到大家踴躍訂購麥麥熊，心裡真的比什麼都快樂。

回娘家義煮

印象很深刻的是在我們一家入住麥當勞叔叔之家時，常常都會遇到「主廚到我家」和「活力補給日」的活動，這些活動會邀請一些藝人朋友，或是一些公司團體、善心人士到麥麥家義煮，為入住麥麥家的病童與家屬烹煮豐盛的晚餐。大家除了一同享用美味的餐點，還會聚在一起互相鼓勵打氣、經驗交流分享。這個活動帶給了當時的我們許多的撫慰，所以回麥麥家義煮一直是我們想要做的事。

後來「麥麥家的家人們」特別為我們舉辦了一個「入住家庭回娘家」的義煮活動。邀請曾經入住過麥麥家，時常為了麥麥家付出心力的病童家屬們，一同「回娘家」。由我們這些回娘家的家人們擔任主廚，替正在和病魔對抗的病童和家屬們，以及每個月來義煮的愛心人士們，煮一頓豐盛的晚餐。

除了我們一家人外，還有勛媽、Candy媽一家人、Dora媽咪、子安、白雪等都有參與。我們更邀請了黑哥陳建州、台新寶島夢想家董事——我的偶像陳立宗立宗哥、小8張允曦、張憲銘憲哥、夢想姐夫邦彥大哥和子苹姐、陳鴻麒鴻麒哥、昭日堂老闆Alan……等一起參與這個很有意義的「回娘家」活動。

這些嘉賓為了參與這個活動，用心準備了許多玩具、桌遊和補給品前來響應。他們親自一個一個慰問病童和家屬們，親切地給予加油打氣。當天看到所有人都掛著開心的笑容，並且津津有味地吃著晚餐，我們很榮幸能跟大家一同度過這個難忘又溫暖的美麗夜晚。

活動即將到尾聲的時候，當天參與的家庭們竟然自發性地一個個過來和我們握手表達感謝，說餐點和蛋糕真的很美味，謝謝我們這群人這麼用心。他們的眼神讓我清楚地感受到，他們知道我們是曾經入住過麥當勞叔叔之家的家庭；他們面對的處境多麼難熬和辛苦，我們都能理解，也曾經歷過。或許我們的孩子最後並沒有順利康復，但我們更想表達的是，不要把目光只放在傷心的事，而是珍惜所有的一切，用陪伴支撐孩子，家人們一同面對這段辛苦的時光。

那一晚，理解與愛將麥麥家的每一個人串連起來，建立起全世界最溫暖的畫面。

上右：Mina 熊領著麥麥熊做公益。
上左：Oliver 和 Mina 為麥當勞叔叔之家拍攝了一部公益影片，感動了好多人。
下：感謝麥麥家的家人們，陪我們走過黑暗低潮的日子。

邀請大家和我們一起回娘家，為病童與病童家屬盡一份愛的心力。

我們一同度過這個難忘又溫暖的美麗夜晚。

直到現在每一年，我們都會安排時間回「家」看看家人們。每一年我們都會利用工作空檔回麥當勞叔叔之家做公益。帶著我們最棒最天然的「有故事的蛋糕」，回去關心鼓勵正入住的家庭。用微笑為他們加油打氣，這是我們最強的力量和愛。

我們是麥當勞叔叔之家永遠的家人，未來也永遠都會是。

3 我們的力量很小 但做著做著力量就變大了

kenny

Mina 生病的消息傳開後，我們收到了社會各界許多鼓勵、關心和幫助。除私訊留言到親自前來慰問外，更常收到令人感動的包裹；有營養品、小卡片、鼓勵信件，也有許多書籍。這些溫暖都一直深埋在我們心中，也時時刻刻提醒著我們，這個社會上真的有許多暖心的人，一直在做著暖心的事情。

於是我們一直在想，要在適當的時間，將這樣的暖心力量也分享出去，再去融化更多的人。讓善的循環不要中斷，能夠持續蔓延。

創業前幾年，有一天 Sammi 看完一本書後嘆了一口氣對我說：「真的好羨慕那些會畫插畫、插圖的人。如果我也會畫畫就好了，那樣可以設計出屬於我們自己的文創商品，也可以在店裡布置和呈現我們自己的風格。」我回她：「這些我都會啊。」

Sammi 用訝異的表情看著我，「你會？我嫁給你那麼久怎麼從來都不知道你會畫插畫？吹牛。」

我隨手拿起了紙和 Oliver 的色鉛筆，以我們最有名的「SMOK 幸福拼盤乳酪蛋糕」為主題，馬上描繪出我的手繪風格插畫，讓當時不以為然的 Sammi 眼睛為之一亮。

沒想到我說的是真的，這個驚喜真的讓 Sammi 很開心，頓時讓我充滿成就感。其實我從小就是一個很喜歡畫畫的孩子。常常老師在上課時，調皮的我總是邊聽課邊在課本塗鴉，在我的學生時期，我課本裡的至聖先師孔子總是戴著墨鏡、別耳環、穿垮褲。愛到處塗鴉的我，最後被老師任命為所有學期的壁報負責人。或許我的畫畫功力就是從小被練出來的呢！

能再次重啟畫畫的熱情，除了有點意外，也很開心，因為想到我們又可以開發各種不同的手繪產品了，所以也充滿期待。

就這樣，依照 Sammi 想要的風格，我畫了一張又一張的畫，慢慢也累積了一些作品。有天，突然靈機一動，突發奇想地自己手繪出我們店裡的 menu，沒想到這本手繪 menu 竟成為吸引許多客人專程前來拍照的小小賣點呢。

讓 Sammi 眼睛為之一亮的 SMOK 幸福拼盤手繪版。

手繪 menu 一度成為我們小店的特色和吸引客人
前來欣賞的賣點。

在翻閱自己的作品時，腦中突然有一個想法。我們已有許多自己手繪的文創商品了，而每賣出手繪文創商品，我們每年都會捐出營利所得的五％做公益。Mina 生病後，我們受到社會上許多善心人士與單位的幫助。何不用我自己的畫來做公益呢？於是二〇一五年開始，「ＳＭＯＫ手繪結合公益年曆」就這樣誕生了！

我每一年都會利用開店時的空檔手繪作品，然後把畫作集結，自己設計、自己組合、包裝，純手工完成計畫中的手繪年曆。

除了花一年的時間手繪外，所有包裝材料全部自己上網找尋訂購。製作年曆不僅耗時，求好心切的我們對自家產品的要求更高，所以成本都很高，往往高於一本三百五十元的賣價。就算是這樣，我們還是堅持每賣出一本，扣除必要性成本後捐款給需要幫助的公益團體。

讓大家支持我的手繪文創作品之餘又可以為公益付出心力，也算是我們一點點小心意。因為助人之心使然，每年製作和推出手繪結合公益年曆時，雖然總是忙得不可開交，但卻也讓我們充滿衝勁。如今，每年出一本手繪結合公益年曆已經變成是我們小店的傳統了。

最讓人感到欣慰的是，每年的「ＳＭＯＫ手繪結合公益年曆」只要一推出，幾乎都會被一掃而空，讓我們總能開心地把漂亮的捐款數字分享出去，給需要幫助的團體一點點小小的力量。我覺得這是我的使命。我們把這件事設定成是每年必須要完成的目標之一。

從二〇一五到二〇二二年，這八年來，我們把「SMOK手繪結合公益年曆」義賣的捐款陸續捐給了：財團法人台灣神經母細胞瘤病友關懷協會、兒童癌症基金會、創世基金會草屯分院、華山創世基金會草屯愛心天使站、社團法人南投縣草屯麻煩小天使協會、紅鼻子醫生、生命無懼關懷協會、麥當勞叔叔之家慈善基金會、中華民國感恩關懷協會、勵馨基金會……等慈善團體。

未來我們仍然會繼續用我們微薄的力量，為公益盡一份心力。

每年完成一本手繪結合公益年曆也是我們的使命，
希望能為社會帶來多一點點的正能量。

謝謝每年公益桌曆都大力支持，最挺我們的
三十年老友。

4 用自身的力量分享草屯，手繪美食地圖

kenny

也許是因為我們用心經營粉絲專頁的關係，吸引了許多從外地前來的客人，也因為媒體的採訪，讓我們的故事被分享出去，感動了許多人，所以來自各地的客人明顯變多了。

有一天一早開店沒多久，有一位客人騎著摩托車來到店裡。習慣上，我會先詢問客人從哪來的。客人說：「我從雲林騎車來的，我是在網路上看到你們的SMOK手繪結合公益年曆，覺得很感動，所以我一定要親自來你們店支持，給你們加油打氣。當然，我也想吃吃看你們有故事的蛋糕，是不是像網路上和朋友們推薦的那麼厲害。反正我就是專程想來買公益年曆，所以直接騎著機車就這樣來了。」有時候，感

動會在不經意間突然發生。

草屯這小鎮畢竟不是觀光區，許多聽了故事前來的客人都是「專程來一趟」。在幾年前，Google 地圖還不是那麼流行的時候，客人總會問我：「請問附近還有什麼美食或是景點，是必吃和必去的嗎？」

當時會這麼問的客人真的不少，我們也不厭其煩地一個一個向客人們推薦和分享。但久而久之，問的客人更多了，有時一天得回答十多次。雖然和客人朋友們互動真的很開心，但總覺得我是不是該把這些推薦美食或地點蒐集起來畫成美食地圖？或許這樣更容易表達，也不會因忙碌而漏掉沒有推薦到。

於是，我利用工作空檔，把草屯附近我們喜歡的店家和草屯特色小吃一間一間用手繪的方式畫出來，並畫出從店裡到這些商家的行走地圖，方便客人找到其他草屯的特色美食。更因為用步行就可以找到，客人們可以一邊散步一邊欣賞草屯的街道和充滿復古風味的小鎮特色。無形中，也帶動更多從外地專程來我們小店的客人，慢慢地，我們也跟草屯周遭店家形成一日草屯生活圈，讓這些客人能夠在短時間享受草屯生活的小確幸。

推動草屯美食地圖，我覺得這不僅是利己的行為：可以增加我們小店的特色，更是利他的作為；藉由美食地圖的分享讓更多人認識草屯、喜歡草屯這個有人情味的小鎮。雖然我們不是大品牌，也沒有財團的支持和政府機關資源的協助，但我靠著熱忱與自己的雙手努力去做，這也是我想為草屯做的一點點小事。

總是有客人問我：「你一定是學美術出身的吧？否則怎麼可以畫出那麼多畫作？」我都會回答我不是。我曾經是個極度愛畫畫也對自己美術細胞充滿自信的孩子，我也曾經是個認真努力想報考知名美術班卻被美術班拒絕的孩子，但我從來沒有忘記自己對畫畫的熱情，也從沒放棄過自己喜歡的興趣。在許多美術科班出身的人還無法用自己設計的畫作賺取收入時，被美術班拒絕的我早已用自己親手畫的畫作為公益努力著呢。

我相信，只要真心想要做，什麼都有可能做得到。一個人的力量雖然很小，但透過愛的循環加持，慢慢地就會有許多志同道合的人一起加入、和我們一起付出。即使一開始我們的力量真的很小，但能結合大家一起，在不知不覺中，力量就會慢慢集中，被放大，變得更強大。

SMOK 美食地圖是為推廣草屯美食盡的一點點小小的心意。

5 頌砵芳療身心靈的療癒

Sammi

記得第一次接觸頌缽是在四年前的瑜伽課，瑜伽課程後的大休息時間，全身關節舒展放鬆後，躺在地上將身體全然交給大地，聽著瑜伽老師頌缽的聲音，頌缽強大的振動聲波能夠穿透身體深處，讓我全身都感覺很放鬆，身體變得很輕很輕，就像躺在大地上或飄在雲層上的輕柔，我閉著眼睛，在這個當下，似乎能感受到 Mina 甜美可愛的臉龐就在我眼前，一直對我笑著，她跟我說：「媽咪，我很好，妳也要好好的生活哦！」

那一刻透過頌缽，我宛如與 Mina 心靈相通，就像 Mina 在我身邊從沒有離開過，那樣的感覺很真實也很溫暖。

有了那次體驗後，讓我想更進一步體驗頌缽芳療，於是透過心無罣礙工作坊的芳療師——孫淑惠老師（我生命中的貴人）體驗全身的頌缽芳療，進而開啟了我的頌缽能量療癒之旅。

那次頌缽能量之旅，我感受到頌缽強大的振動聲波穿透我的身體深處，疏通經脈、大腦半球，促進了生命能量流通自如，也順勢清理了我內心的負面能量，堆積的壓力與傷痛隨之釋放消散，我的情緒得到安撫。

頌缽芳療帶給我的不只是放鬆身體，還療癒了身心。

長時間陪伴 Mina 治療，到 Mina 離開去當天使這段過程，我深深體會到照顧者的辛苦，不但需要隨時注意生病家人的身體狀況，也必須承受對患者的不捨以及無能為力的悲傷。這些都非常需要管道宣洩；當生病的家人敵不過病魔的折磨離開後，留下來的家人需要更多的關愛、陪伴與鼓勵。曾經是照顧者，最後失去孩子的我非常能感同身受。

其實常在夜深人靜時我們會收到客人的私訊，有感謝我們的故事給大家帶來力量的訊息，有關心我們的訊息，更有正在低潮中的朋友請教我們如何走出悲痛。其實我們真的沒有大家想像中那麼堅強。我們只是不斷地提醒自己，要正面面對、正面思考，並且努力尋找可以療癒我們悲傷的方法。

我們想為需要幫助的人盡一份心力，把自己嘗試過，覺得有效果的方式分享給需要的人。雖然我們的力量很小，但我們有恆心有堅持，唯有相信力量才會變大。

共同療癒的頌缽芳療與美食饗宴

因為這樣的起心動念，我們決定發起公益頌缽芳療課程，二〇一九年四月，開啟了第一場「頌缽芳療與美食饗宴」公益活動。我們誠心邀請了和我們有類似境遇的家庭，有長期照顧生病家人的照顧者，也有失去家人一直無法走出陰霾的朋友。

活動藉由頌缽的震動、精油香氣的引導，幫助參與者紓解心靈累積的壓力，參與的人能嗅吸天然精油的香氣，再挑選自己喜歡的味道調油，帶自己用心調製的成品回去使用，為自己、家人紓壓按摩放鬆。待頌缽芳療的活動告一段落，還能享用我們用心特製的輕食餐點撫慰味蕾。參與的朋友都說能感受到心被療癒了，這樣好的迴響對我們來說是最大的感動，也是我們辦這個活動的初衷。於是同年十月，我們又接著舉辦了第二場。

SMOK X 心無罣礙工作坊的芳療師── 孫淑惠老師。

每個缽都有不一樣的生命力。

撫慰味蕾的療癒。

大家一同體驗頌缽芳療，療癒身心靈。

來參與公益芳療的，有我們自己很要好的朋友，也有未曾謀面，卻潛水我們粉專很久的朋友。每一位來參與的朋友都有她們感人與勵志的故事。

- 來自臺南的勛媽獨自照顧生病的孩子二十多年，如今孩子已追蹤穩定，她則是將自己奉獻在公益，幫助病童們圓夢。
- 來自草屯的怡婷、淑惠姐，即使懷孕過程中孩子確診為唐寶寶，但兩位媽媽並沒有因此而放棄孩子，因為她們的努力與不放棄，孩子有了長大的機會。如今一位唐寶寶已經十四歲，是個很照顧弟妹的大哥哥；另一位已經三十歲了，高職畢業後在伊甸基金會附設的庇護工場學習烘焙。
- 來自草屯花藝店的小瑜姐，女兒從小就罹患紅斑性狼瘡，雖然身體狀況不好，卻沒有因為病痛而放棄學習，苦學考上清華大學，真的是非常勵志的故事。
- 來自新竹的張氏夫妻，因為意外失去他們的大兒子，原本好端端的孩子，瞬間就因為交通事故天人永隔了，這樣的痛令人措手不及，是所有父母的噩夢，但我仍能感受到他們很努力地想要振作生活，真的很不容易。

除了上述這幾位我認識的媽媽外，還有好多有故事的朋友，一同來參與活動。

失去孩子痛徹心扉的心痛；我不想懂，但我懂。心中不斷告訴自己必須堅強、必須從悲痛中走出來；聽起來很簡單，但真要做到卻是件非常非常不容易的事。

失去孩子的傷痛，這個陰影永遠不可能走得出來；雖然這樣的傷痛會隨著時間慢慢淡化，傷口也會隨著時間慢慢癒合，但傷口結痂後留下的疤痕卻永遠都在；而且時不時仍然會隱隱作痛，永遠烙印在心裡。

每個人都有不為人知的心酸過去，在體驗頌缽芳療的當下，看到大家願意敞開心房，跨出那艱難的一步真的很感動。雖然這樣短暫的紓壓無法讓受傷的心靈痊癒，但只要鼓起勇氣，透過無數次的心靈治療，相信總有一天，心中的傷會慢慢好起來。

在大家身上我們感受到了每位母親的堅強與韌性，更感受到大家無限的愛與正能量。我們很榮幸可以為大家帶來短暫喘息的時光，希望來參與的所有母親們記得善待自己，即便你不完美，也不需要追求自己完美。我們一起用新的幸福將遺憾包住，繼續勇往直前。相信一定能讓我們的未來更美好，因為每一個人的存在本身就是美好。

當我們看見大家的笑容和吸收到能量後幸福滿足的表情，我們比任何人都興奮和療癒，而最後……善的循環，似乎又回饋到我們自己身上了。

這個循環源自於對 Mina 的愛。Mina 的愛將大家的愛連結在一起，相信一切都是最美的安排。為了讓愛無限蔓延，SMOK 會持續舉辦有溫度、有意義的公益活動。

6 到醫院訪視病童們

Kenny

曾經因為 Mina 療程的關係我們只能把醫院當家，所以對於病童家庭在醫院治療時的辛酸與無奈我們能夠感同身受。Mina 在醫院如人間煉獄般的治療過程深深烙印在我們心裡，對我們來說醫院是個充滿了悲傷的回憶，令人害怕恐懼的地方。

有朋友曾邀請我們一起到醫院關懷病童，我們認真討論後最後還是忍痛婉拒了。雖然很想到醫院鼓勵正在為生命奮鬥的病童及病童的父母們，但我們真的提不起勇氣再次踏進醫院，因為之前在醫院陪伴 Mina 治療，一直到最後 Mina 離開的那段陰影，真的傷我們太深太深，到現在想起那段過往，我們還是會淚流滿面哭得不能自已，拒絕實在是萬不得已。

直到 Mina 當天使的兩年後，朋友們再次盛情邀約我們，一起到醫院陪孩子們過兒童節，我們仔細思考是否真的能踏出那一步了嗎？最後感性終於勝過理性，我們夫妻倆終於下定決心，鼓起勇氣帶著 Oliver 和 Mina 留給我們的愛，花了許多時間親手製作我們最棒的手作甜點，一起到醫院關懷病童並為他們加油打氣。

其實要跨出這一步對我們來說真的需要非常大的勇氣，一家人帶著忐忑不安的心情前往醫院，路途中我們腦海裡莫名浮現出一幕幕 Mina 在醫院治療的點滴，心情也開始變得哀傷、沉重。

我在心裡默默告訴自己，沒事的，那一切的痛苦悲傷都過去了，Mina 現在沒有病痛了，她一定是個無憂無慮快樂的小天使，並且守護在我們身邊。我一定要鼓起勇氣把 Mina 留給我們的愛化為關懷，去鼓勵像她一樣生病的孩子。我相信這一定也是 Mina 給我們的使命。是 Mina 給了我們一家人力量，讓我們想辦法克服心裡最巨大的恐懼，勇敢地跨出這一大步。

我們一家人和一群朋友來到了充滿化學藥劑味冷冰冰的醫院，到了兒童病房看到了一個個因為化療頭髮掉光的孩子們推著點滴架走出來，有的孩子的點滴架上甚至正在打化療藥。那心酸的畫面讓我們很不捨。

那天活動非常豐富；有畫家朋友幫孩子們義畫自畫像、有人安排了魔術表演、也有人帶來玩具送給孩子們，而我們則是準備了自己做的杯子蛋糕。那天每個孩子都有滿滿的收穫，每一個人都擁有自己的自畫像、有玩具、甜點可以拿，還有幽默有趣的魔術可以欣賞。

看著孩子們上揚的嘴角對我們來說就是最大的回饋，或許這樣的活動對孩子的病情沒有實際幫助，但我相信即使只是一個下午的歡樂時光，大家的關愛必定能為病童和陪伴的家長帶來片刻的喘息，療癒孩子幼小的心靈。

當天我們在發甜點時，我注意到一個小妹妹，大約三～四歲，因為化療掉了頭髮，稀疏的頭髮穿著小裙子，讓我不禁想起 Mina 發病也差不多是這個年紀，Oliver 把杯子蛋糕交到小妹妹手上，並拍拍她的肩說：「妹妹，要加油喔！」這個畫面讓我不禁紅了眼眶，我又想起 Mina 在醫院治療的模樣，但我忍住不讓自己的眼淚滴下來，因為我想用微笑給他們帶來力量。

有些孩子因為狀況不好沒辦法出來和大家一起參加活動，經過醫生和家長同意，我們走進病房拿禮物和甜點給他們，為他們加油打氣，其中有一個孩子讓我印象非常深刻，她拿著一個娃娃在玩，假裝自己是護理師那般幫娃娃貼紗布、打針、安慰她，看到這個畫面我的眼淚再度在眼眶裡打轉，因為之前 Mina 在醫院時也都隨身帶一個娃娃，也會為她的娃娃打針貼紗布。想到 Mina 我的心就好痛好痛，於是我趕忙走出病房想去活動的大廳，但離開時經過了骨髓移植室和隔離病房，又讓我再度回想起 Mina 也曾經歷過骨髓移植的煎熬。那段非常痛苦難熬的點滴一一浮現在我腦海裡，雖然一直告訴自己不能哭，但這次眼淚再也不聽使喚地狂流了。

忍耐不住自己的眼淚，我只好躲到角落去偷哭，讓自己的情緒好好釋放。痛哭一場後，轉換心情收拾好負能量，此時的我非常感謝自己願意跨出這一步，雖然到醫院訪視病童們讓我們再度回想起那段最艱辛的日子，但我們的心似乎也因此得到了療癒與慰藉。

自從這次鼓起勇氣去醫院陪伴病童們一起過兒童節，之後不定期地我們會帶著我們滿滿的愛與手作甜點到各個醫院陪伴孩子們過節，為他們帶來能量與歡樂。看到他們滿足燦爛的微笑是我們最大的收穫，我們會持續用微笑和愛給需要的人一個大大的擁抱，而這小小的力量，也會透過不斷循環，持續傳遞下去。

之後，我們也會持續在各個節日到醫院陪孩子過節（照片為 2018 聖誕節）。

未來 SMOK+s的幸福

Sammi

二〇一六年 Mina 離開我們去當小天使了，我們一家人無限悲痛，當時年僅九歲的 Oliver 失去了從小一起長大的妹妹。Mina 離開的第一年，Oliver 因為太想念妹妹，不止一次很認真地問我們，要不要再生一個弟弟妹妹陪伴她，她說她從小不論做什麼身邊都有妹妹，現在妹妹不在了，她覺得很孤單。

雖然知道 Oliver 很想念妹妹的陪伴，但陪伴 Mina 治療的那幾年，被壓力壓得喘不過氣，我很需要時間與窗口來紓緩緊繃的精神，而失去 Mina 的痛苦更是日夜不停折磨著我……況且我也不再年輕，若是再生下一個孩子，我就是高齡產婦了。實在沒有勇氣與動力再迎接下一個孩子。

之後的日子，我們一家人慢慢地用自己的步調調適心情，嘗試與尋找可以療癒受傷心靈的方法，我們到許多地方旅行，也完成了自己的夢想。從悲痛萬分到逐漸找回生活步調，一步一步朝著我們的理想生活邁進。雖然我們一家人這些年一直陪伴在彼此身邊，即使生活找回了愜意與悠閒，但原本幸福的一家四口變成一家三口，總覺得有那麼一點點的空虛與失落。

日子就這麼一天天的過去了，看著 Oliver 慢慢成長，有一天，真的不知道是哪來的勇氣與想法，我很認真地跟家人討論：「如果我們家再多一個孩子會不會比較好？」

Oliver 表示贊成，但我內心仍有顧慮，我問 Oliver：「但是現在再生一個會跟妳差很多歲，跟妳和妹妹才差一歲多一起長大是不一樣的喔！而且妳也要幫忙照顧弟弟或妹妹。這樣妳還會想要媽媽再生嗎？」

Oliver：「沒關係啊！反正還不是像以前一樣，以前我也都有幫忙照顧妹妹啊！」也是啦，姊姊一直以來都很懂事，很照顧妹妹也很疼愛妹妹。

至於 Kenny 則是說：「再生一個對我們一家來說各方面都是加分的，只是妳要經歷懷孕及生產，過程會比較辛苦。如果妳覺得沒問題，我當然贊成啊！」

我心裡其實很清楚要不要再生孩子決定權在我身上，只是想問問他們的意見來更加確定自己的想法而已。於是我開始認真思考，再生一個孩子的優缺點，設想多了一個孩子的各種可能性，如人生規畫、事業發展等等，都會因為再生一個孩子而有所改變。

後來，我跟 Kenny 和 Oliver 說：「我決定了。就讓這件事順其自然吧！但我已經是高齡產婦了，想生也不一定還生得出來。如果有寶寶想要來做我們的孩子就來吧。」如果上帝眷顧我們要再給我們一個孩子，讓我們再次擁有幸福的機會，那麼我們就敞開胸懷接受吧。

上帝恩賜愛的禮物

在決定一切就順其自然的半年後，二〇二〇年三月二十五日這一天，醫生宣告我已經懷孕兩個月了。真的不敢相信我們一家人期待的新生命真的來報到了！

我們一家人帶著喜悅的心情迎接小寶貝的到來。距離我上一胎懷孕已經是十三年前的事了，壓根沒想過十三年後的我會再次懷孕。整個過程早已忘得一乾二淨了，真的像人家說的打掉重練，一切重頭開始學習如何當孕婦及新手媽媽。

孕期四個月時，醫生說高齡產婦風險較高建議要做羊膜穿刺檢查，由於我對侵入性檢查很恐懼，所以改成抽血做染色體檢測，透過染色體或基因突變分析預測胎兒是否有疾病。因為 Mina 之前的疾病讓我們在等待報告的過程真的非常煎熬，我忍不住一直胡思亂想，還好檢查報告一切正常，才讓我們放下心中的大石頭，這大石頭確實比一般準爸媽的都還大，感恩一切的美好。

同時醫生也檢測出寶寶是個小男孩，雖然我們沒有特別希望是男孩還是女孩，但知道是小男孩時還真的有點小興奮呢！畢竟前兩胎都是女孩兒，有個小男孩似乎更完美了。當然男孩女孩都好，產檢報告正常是媽媽唯一的期望。

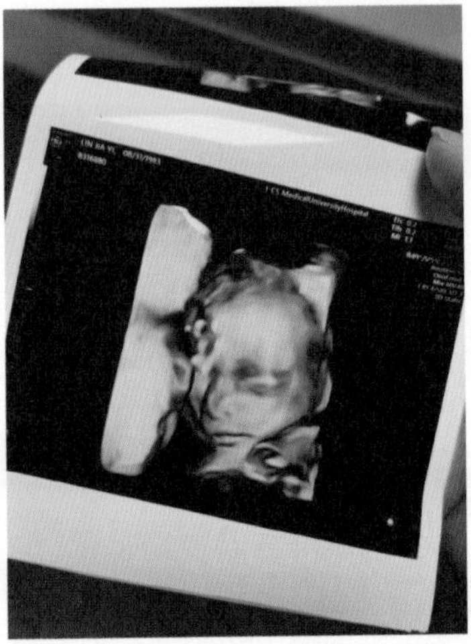

Sean 寶貝在媽媽肚子裡帥氣的模樣。

有一天我在誠品看到這本書《我在媽媽的肚子裡看見全世界》（池川明著／和平國際出版），書中收錄許多胎兒在媽媽肚子裡擁有自我意識的故事。據說每個孩子都是自己選擇母親，自己決定用什麼樣的身體誕生在這個世界。

我們一家人期待著「Sean 寶貝」的到來♥

很多孩子的回應都非常不可思議，書內有位孩子說：「因為那時候媽媽在哭哭，媽媽看起來很難過很寂寞，我覺得我來了之後，她就會笑了，為了帶給媽媽笑容，所以才出生哦！」

這段話讓我覺得好感動，也不禁讓我聯想，這個孩子是否也是因為知道失去 Mina 後的媽媽情緒低落，想撫慰媽媽悲傷的心靈，所以來到我們身邊。甚至我們都覺得這個寶貝一定是 Mina 安排來代替她陪伴我們的天使。更是上帝的恩賜，上帝眷顧、憐憫我們給我們愛的禮物，所以我們把他取名 Sean（上帝是仁慈的、上帝的恩賜）。

孕期中期一切很平順，我很感恩肚子裡的寶寶沒有太折磨媽媽，每一次寶寶的胎動都讓我們全家人無敵感動且倍感幸福，每天我們都會跟腹中的寶貝互動，撫摸著肚子、跟肚子裡的寶貝說話，感受 Sean 寶貝就在我們身邊，也幻想著他在肚子裡可愛的模樣。

但沒想到原本孕期一切平順的我，到後期竟確診有「妊娠糖尿病」，醫生跟我說：「妊娠糖尿也不完全和飲食有關，因為孕期荷爾蒙的作用，會讓身體分解糖的能力變差，加上妳是高齡產婦，而且家族成員有糖尿病史，本來就屬於高風險體質。大部分的產婦都可以藉由飲食和運動來控制，產後大多也會恢復正常，所以不要太緊張。」

但產婦的血糖如果長期處於不穩定的狀況下，對媽媽和胎兒其實都會有相當大的風險。讓我還是覺得好擔心，於是我開始了一天扎針四次，認真偵測血糖、控制飲食，直到生產結束。雖然每天扎針真的很辛苦，但為了寶寶的健康，媽媽只能跟自己說轉個念，樂觀積極面對。

前兩胎都自然產的我，這胎也希望自然產，想順其自然讓 Sean 自己決定出來和我們見面的時間。

直到預產期的前一天，一早發現落紅但沒其他的不舒服。雖然落紅不是立即會生產的產兆，但離預產期太近了想說還是去醫院檢查比較放心。於是慢慢地收拾東西到店裡，把所有事情都交代好後，在中午時跑一趟醫院。

到醫院後測胎心音、內診檢查才開了三公分，於是醫生要我們去走走，一兩個小時後回來測看看是否留醫院待產。於是我們夫妻倆帶著輕鬆的心情去附近吃個飯、散步盡量保持愉悅的心情，等待下午四點回醫院內診檢查。

再次檢查，子宮頸仍只開三公分，因為只開三公分是灰色地帶，醫生說有可能半夜就生了也有可能一兩天後才生，要我們自己決定留下或回家觀察。

當時真的很難選擇要留下或回家，但由於我的 B 型鏈球菌篩檢沒過，醫生說最好待產時必須打滿四小時的抗生素，如果媽媽沒打完抗生素寶寶就出生，這針抗生素就必須打在寶寶身上。我心想怎麼捨得讓寶寶一出生就打抗生素，如果這是媽咪自己能夠承受的，一定不會讓寶寶打這一針，相信這一定是天下所有媽咪都會做的決定。

除了怕回家後若急著生產會來不及打抗生素，再加上當天宮縮的痛比前幾天來得強烈。媽媽的直覺一向神準，既然待產包都準備好了、事情也都交代好了，我們決定留下來待產。

留下後，宮縮的頻率越來越密集，陣痛也越來越強烈。大約晚上八點規律性宮縮一次比一次還痛，約三到五分鐘痛一次，痛到我真的不知道該怎麼形容。我想只有自然產婦能懂，說就像被卡車輾過的慘痛真的一點都不誇張啊。

經過大約六個小時的陣痛與等待，我費盡了全力搏鬥只為了可以將寶貝平安健康地生下來。還好貼心的 Sean 沒讓媽媽痛太久、等待太久。二〇二〇年十一月二十一日凌晨兩點多，我們的 Sean 寶貝平安地來到了這個美麗的世界，母子倆順產平安。

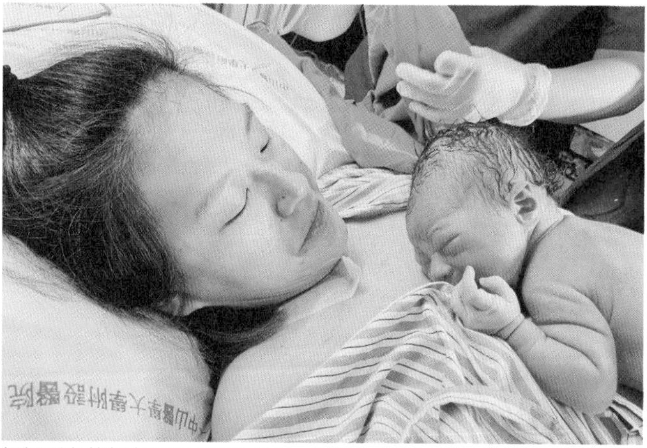

媽媽所有的努力只為了和你相見，我的愛子—— Sean。

Mina 熊 & Sean，好溫馨的畫面。

Sean 是個愛微笑且充滿正能量的寶寶，我時常覺得快被他的笑容給融化了，真心覺得他的使命是來療癒我們一家人，還好我們做了一個這麼棒的決定。Sean 的微笑總是讓我想起 Mina，因為 Mina 也總是把笑容掛在臉上，那甜蜜燦爛的笑容將永遠在我心裡。

我們會繼續用微笑來思念 Mina，用新的幸福將過去的遺憾包住，未來 SMOK 會這樣帶著充滿愛及能量的信念，一家人手牽手繼續勇往直前。

後記 1
致我們最愛的家人、朋友、夥伴與長期支持著我們的粉絲們

Kenny

自二〇〇七年 Oliver 出生以來，我們就一直努力地朝著幸福一家人的目標前進。除了認真打拚努力賺錢外，其他所有的心力全放在孩子身上。當然，二〇〇九年 Mina 出生後，我們更是把所有的生活重心全部放在兩個可愛的女兒身上，為了專心帶好兩個女兒，我們也捨棄了好多我們的興趣和與朋友們的交際應酬。在那個時期女兒和家庭生活就是我們的全部。我們每年固定帶著孩子出國一到兩次，夫妻倆帶著兩個女兒，一家人用較長時間流浪旅行，希望能打開孩子的視野，讓她們感受外面的世界，我們也能蒐集美好的成長回憶。

那樣的幸福生活出現了巨大的變動，Mina 生病對我們來說是一個極大的打擊，陪著 Mina 治療的這四年裡，每天持續二十四小時的精神壓力更常常把我們壓得喘不過氣。這種身心俱疲的生活真的不是一般人可以理解和想像的。

自從醫生宣布 Mina 死刑後，「努力才有可能成功」早已不是我們心裡會期待的事情了，但從沒想過放棄的我們卻又不得不鼓勵 Mina 要加油要更努力。這種兩難又複雜的心情是我們一直沒辦法調適和面對的人生課題。這時上帝總是會適時地派出「天使」，讓他們給我們建議與幫助，甚至陪著我們一起踏穩面對挑戰的每一步。

關於 Mina 的離開，或許我們心裡早已做了準備，但遇到的當下，就算你做好了所有的心理準備其實也根本都沒有用。唯一可以讓人感到安慰的是，Mina 離開時有一群最棒的家人好友陪伴在身邊，讓 Mina 不至於感到孤單，讓我們感到滿滿的溫暖，也讓 Mina 得到大家給的滿滿的愛。

我親愛的家人和我親愛的如同家人般感情至深的朋友們，以及所有關心我們的朋友，很慶幸也很榮幸能和您們有著密不可分的連結，這可是值得我們回味和感謝一輩子的事情，謝謝您們在我們最低落、最黑暗的時候為我們撐傘，讓我們感受無比溫暖，也謝謝你們出現在我們的生命裡，豐富了我們的人生。更要特別感謝我的岳父岳母和哥哥、大姊一直以來對我們的關愛與付出，真的很感謝您們對我們一家無微不至的照顧與無私的愛。

或許 Mina 生病的這段日子讓您們多了許多原本不需要感染到的情緒，心情也隨著我們的遭遇七上八下、忐忑不安，甚至影響了自己的生活。請您們理解，這真的不是我們原想要傳遞給您們的能量。如果可以我們真的想給您們的是充滿陽光的笑容和和樂融融的氣氛跟陪伴，沒想到卻反過來都是您們帶給我們能量，陪我們帶著 Mina 和 Oliver 面對一切風風雨雨，承受著每一段無情的考驗。即使永遠無法忘記，也永遠不會有真正走出來的那一天，但過程都因為有您們的重視、關心，才有現在能用微笑想念 Mina 的我們。我也要替 Mina 感謝您們一直以來的愛。我記得 Mina 一直很喜歡我們一大群家人朋友們聚在一起的感覺，每一次的聚會總是能讓 Mina 心花開，笑得比任何人都要燦爛和開心。這是您們帶給 Mina 的「神祕力量」，每次聚會那短短的歡樂時光，就是我們陪伴 Mina 對抗病魔期間「最奢侈的小幸福」，讓我們特別珍惜。

我也要代替 Mina 謝謝您們。因為您們所有人的愛豐富了 Mina 七年的美麗人生。我相信 Mina 會帶著您們給予的愛化作美麗的天使，用她的善良回應您們的愛，永遠永遠陪在我們身邊，一輩子不會消失。

自二〇〇九年創業至今十幾年來，累積了一萬次以上的來店打卡數、超過兩萬筆以上的訂單、粉絲專頁更累積了三萬名以上的粉絲。或許在別人眼裡真的不多，但每一個訂單、每一個客人、每一個粉絲可全部都是我們一步一腳印，紮紮實實、用心經營，慢慢累積起來的。然而這十幾年發生了太多太多讓人感動的事，每一樣都讓我們記憶猶新、每一樣都令我們感動萬分。

這十幾年來，有的客人從賣童裝時期就認識，後來成了我們無話不談的知心好友；有的客人從擺路邊攤賣童裝時期就信任我們的品質，到現在更信任我們的餐點。

有好多好多從臺灣各地來到南投草屯鄉下，專程來我們小店的朋友。更有來自十二個不同國家、不同種族的外國人，他們來臺灣旅遊其中一個主要行程，就是來「SMOK cafe」喝杯咖啡，嚐嚐期待已久的乳酪蛋糕和鹹派。

最感動的是，還有每個月固定從外地專程來一趟的客人朋友。每個每個客人都給了我們深深的感動和鼓勵，這就是世界最美的溫暖和回應。

謝謝你們在這十幾年裡給我們所有的支持鼓勵和信任。

謝謝你們在我們心痛的時期不斷地給我們私訊留言、挺著我們。

謝謝你們給了我們許多勇氣，讓我們有力量努力經營我們的品牌。

更感謝曾經在SMOK工作過的所有夥伴們，謝謝您們為SMOK的努力與付出，因為有您們，才有現在更好的SMOK，感謝有您們。

這一路走來因為有一直陪著我們成長的大家，才有不斷再成長再進步的我們。我們也沒有辜負大家的期待，時時刻刻督促自己前進，才能在五十幾年屋齡的老宅裡落地生根，確實完成我們一家人的夢想。

當然，停止和滿足絕對不是我們的風格。未來更期待您們的繼續陪伴，讓我們能繼續前進、繼續挑戰我們的下一個目標。讓「SMOK老宅甜所」可以真正走出去，讓更多人認識我們、喜歡我們、愛上我們。

邀請所有愛我們的家人、朋友、夥伴和粉絲們，繼續陪著我們一起見證更新更好的未來，努力朝著我們下一個夢前進：「用我們SMOK有故事的蛋糕來鼓勵和感動全臺灣的人」。

還好有家人、朋友、夥伴和粉絲們給我們重新再站起來的力量。
還好有家人、朋友、夥伴和粉絲們給我們重新再站起來的勇氣。
還好有家人、朋友、夥伴和粉絲們的陪伴讓我們能重拾以往的微笑。

我永遠記得曾經有一位外貌慈祥、面帶溫暖微笑的女性客人走進來店裡，開頭就說：「不好意思我不是本地人，剛剛路過這附近就被你們的店吸引而想走進來。因為你們店的外觀被灑下來的陽光照耀得閃閃發光，整個店面在陽光下感覺就像個微笑的臉龐一樣看著我、對我微笑，讓人覺得好舒服，吸引著我不自覺地帶著笑容走了進來，心情真好。」

我相信那個微笑一定是Mina的化身。未來我們一家人會永遠帶著微笑面對永遠帶給我們笑容的美麗世界。相信二・〇版的ＳＭＯＫ老屋甜所未來發展潛力無窮，一定會越來越好。

SMOK 幸福團隊，一定會越來越強大的。

因為有爸媽滿滿的愛與支持，才有現在的我們。

因為有你們的陪伴，我們才有勇氣重新站起來。

後記 2　給永遠帶著微笑的 Mina 寶貝

爸比 Kenny

Mina 寶貝，妳離開我們當快樂的小天使也好多年了，這幾年來每一天想妳已經變成一種甜蜜的習慣。從以前每次想念妳時的以淚洗面，到現在已經可以用微笑想念了。這對老爸來說已經是種進步和成長的表現，值得得到妳的擁抱和撒嬌呢。

有一幕畫面永遠會深深印記在爸比的腦海裡，永遠印象深刻。還記得妳即將離開我們的那一刻，這時牽著我的手的妳，突然想用全身的力氣撐著身體坐起來。爸比趕忙把妳抱起，過程中清楚聽到妳小聲地在我耳邊說：「我要抱抱。」這時爸比強忍在眼眶中的淚水，終於不爭氣地狂流下來，因為我知道妳比我們更不捨，妳更不想離開我們。「我要抱抱」這句話是妳最常對我們說的話，也是妳最愛爸比媽咪給妳的擁抱。

這個抱抱是妳對我們最後的要求，也是爸比最後給妳的感謝。

謝謝妳來當我們的女兒，也謝謝妳給爸比一個永遠無法忘記的愛。

媽媽 Sammi

Mina 離開後的前幾年，常常來夢裡找媽咪，夢境中的妳總是給媽咪燦爛甜美的微笑，這是媽咪一直感到很欣慰的事，因為媽咪知道那時候的妳已經沒有病痛，無憂無慮一定是個快樂的小天使。

記得有一次夢中的我們，像往常一樣緊緊地擁抱在一起，妳依然像以前一樣依偎在媽咪懷中、向媽咪撒嬌，那嬌羞可愛的樣子是如此的真實，就像是昨天才發生的事。夢中的擁抱就像妳離開前我們道別的那個擁抱，好真實卻也好心痛。媽咪笑著流淚跟妳說，謝謝妳選擇當媽咪的孩子，也謝謝妳的勇敢、乖巧、懂事和貼心。妳是媽咪心中永遠的寶貝。謝謝妳來看媽咪，讓媽咪知道妳過得很好，我們都會努力好好活著，妳不要擔心我們，要照顧好自己喔。

我的寶貝女兒，好想再次好好抱抱妳，好想再次將妳緊緊擁入懷中。媽咪常在想，是不是真的像人家說的那樣，等我離開這個世界時真的能夠再見到我女兒。

如果真的有機會再見到妳，媽咪一定會緊緊將妳抱在懷裡。跟妳說儘管妳先離開了，但媽咪對妳的愛不曾停歇，媽咪會用餘生繼續愛妳，媽咪會帶著妳留給我們的愛繼續很努力地活著，而且連妳的那一份一起更努力更多采多姿地活著。

姊姊 Oliver

我最親愛的 Mina 妹妹，我每次想到妳的時候，腦海中就會出現我們小時候玩在一起的時刻，互相陪伴、互相幫助、互相打鬧，甚至還會互相告狀。最令我念念不忘的是，有一次我們要睡覺時，把紙牌遊戲拿到房間想要偷偷玩，但為了不讓爸爸媽媽知道，於是就一起把它藏到枕頭套裡面，等爸爸媽媽進來房間看到我們假裝睡著後，再偷偷爬起來玩，但過沒幾天就被媽媽發現我們兩個的祕密了……真的很驚險呢！

之前想起妳時總是會偷偷躲起來哭……但現在想妳的時候會想起跟妳一起玩耍、開心的日子，那是很幸福、快樂的時光！

我要跟妳說，現在我們過得很好，弟弟的出生應該是老天爺送我們最好的禮物吧！讓我們暫時忘掉了難過，把弟弟照顧好，一家人幸福快樂地在一起！我相信我們一家五口也會越來越好的～對吧！Mina 我們大家永遠愛妳哦！

我們把大家對我們的關心，以及別人告訴我們的暖心故事，再轉化成正能量分享出去，這是一個「善的循環」，我們相信這樣會讓幸福持續傳遞下去。

LOVE 044

時間帶不走悲傷，但可以把悲傷化為力量
失去愛女後找回幸福的重生旅程

作　　者—SMOK老宅甜所（Sammi+Kenny）
攝　　影—許崇良（FB：酣吉）
主　　編—尹蘊雯
責任編輯—王瓊苹
責任企劃—吳美瑤
美術設計—FE設計
內頁排版—洪伊珊
編輯總監—蘇清霖
董 事 長—趙政岷
出 版 者—時報文化出版企業股份有限公司
一〇八一九臺北市和平西路三段二四〇號三樓
發行專線—（〇二）二三〇六六八四二
讀者服務專線—（〇八〇〇）二三一七〇五・（〇二）二三〇四七一〇三
讀者服務傳真—（〇二）二三〇四六八五八
郵撥—一九三四四七二四　時報文化出版公司
信箱—一〇八九九臺北華江橋郵局第九九信箱
時報悅讀網—http://www.readingtimes.com.tw
電子郵件信箱—newlife@readingtimes.com.tw
時報出版愛讀者粉絲團—http://www.facebook.com/readingtimes.2
法律顧問—理律法律事務所 陳長文律師、李念祖律師
印　　刷—華展印刷有限公司
初版一刷—二〇二二年十一月十一日
定　　價—新臺幣三八〇元

時報文化出版公司成立於一九七五年，並於一九九九年股票上櫃公開發行，於二〇〇八年脫離中時集團非屬旺中，以「尊重智慧與創意的文化事業」為信念。

時間帶不走悲傷,但可以把悲傷化為力量：失去愛女後找回幸福的重生旅程/SMOK老宅甜所(Kenny+Sammi)著. -- 初版. -- 臺北市：時報文化出版企業股份有限公司, 2022.11
面；　公分
ISBN 978-626-353-102-4(平裝)

1.CST: 悲傷 2.CST: 幸福 3.CST: 自我實現

176.52　　111017202

Printed in Taiwan
978-626-353-102-4